Hermann Ritter

Die Viola alta oder Altgeige

Hermann Ritter

Die Viola alta oder Altgeige

ISBN/EAN: 9783743431577

Hergestellt in Europa, USA, Kanada, Australien, Japan

Cover: Foto ©Thomas Meinert / pixelio.de

Weitere Bücher finden Sie auf **www.hansebooks.com**

Die
Viola alta oder Altgeige.

Ihr Name, ihre Geschichte, die Grundsätze ihres Baues, ihr Wesen und ihre Bedeutung als musikalisches Ausdrucksmittel. Als Anhang: Brief R. Wagner's an den Verfasser. Aphorismen über die Viola alta. Die Bagatella'schen Geigenbauregeln. Hauptsächlichste Musik-Litteratur für die Viola alta.

Von

Hermann Ritter,
Kgl. Professor und grossherzogl. mecklenburg. Kammervirtuose.

Dritte veränderte und verbesserte Auflage.

LEIPZIG.
Verlag von Carl Merseburger.
1885.

Das Recht der Uebersetzung in fremde Sprachen behält
sich der Verfasser vor.

Vorwort zur zweiten Auflage.

Im Anfange des Jahres 1876 trat der Verfasser mit seiner Regeneration der Altgeige auf. Das neugeborene Instrument erhielt seinen Geleitsbrief für die Oeffentlichkeit in Form einer Broschüre, die bei G. Weiss (Heidelberg) bald nach Auftauchen des Instrumentes erschien. Das schnelle Vergriffensein der ersten Auflage dieser Schrift ist wohl als ein genügendes Zeugniss regen Interesses für die Idee der Regeneration oder Neugeburt unseres im Bau wie in der Musikpflege vernachlässigten Streichinstrumentes der „Altgeige oder Viola alta" anzusehen und kommt daher der Verfasser der Aufforderung der Verlagsbuchhandlung J. J. Weber in Leipzig, eine zweite Auflage der erwähnten Schrift zu veranstalten, mit der vorliegenden Bearbeitung nach. Vermehrt wurde die Schrift durch einige Ergänzungen, sowie durch die als Anhang beigefügten Geometrischen Regeln für den Geigenbau von Antonio Bagatella (Padua 1786).

Pawlowsk bei St. Petersburg, im September 1877.

Hermann Ritter.

Vorwort zur dritten Auflage.

In einem neuen Gewande und veränderter Form tritt mein Buch über die Viola alta oder Altgeige wieder vor die Oeffentlichkeit. Den Violaspielern und Freunden der Altgeige sei dasselbe gewidmet. Bedeutsam vermehrt wurde die Schrift in vorliegender Auflage durch die Musik-Litteratur für die Altgeige, die jedem Violaspieler willkommen sein dürfte.

Würzburg, 1885.

Hermann Ritter.

I.

Viola, der Name unseres Instrumentes, war der Allgemein- und Geschlechtsname für eine Anzahl zumeist ausser Gebrauch gekommener Bogeninstrumente des XVI., XVII. und XVIII. Jahrhunderts. Die Namen viola da gamba, viola d'amore, viola bordone, viola da spalla, viola pomposa, viola di bastarda, viola da brazzo geben uns Zeugniss von der Verbreitung des Instrumentes, wobei auch mit dem Worte „Geige"[1]) und „Violuntze"[2]) abgewechselt werden durfte. Das Wort „Viola" bildet auch noch heute das Stammwort der Namen unserer gebräuchlichsten Streichinstrumente; Viola ist gleichsam der Geschlechts- und Familienname der einzelnen Glieder dieser Instrumentengruppe. Die Namen Violino, Violoncello und Violono haben ihre Ableitung von dem Worte viola erfahren, indem violino das Diminutivum von viola, violono das Augmentativum von viola und violoncello wiederum das Diminutivum von violono ist.

---

[1]) Siehe Fr. Diez, Rom. Wrtb. Th. I, 212: Ital., altsp., provenç. giga, altfranz. gigue ein Saiteninstrument; neuspan. giga, neufranz. gigue ein Tanz mit Musikbegleitung; vom mhd. gîge, nhd. geige, dies vom starken Verbum gîgen. Nach Grimm's Grammatik II, 47 noch erweislich. Altnordisch geiga (tremere), geigr (tremor), jenes also vom Schwingen der Saiten? (Grimm, Grammatik II, 47) mhd. (erst 1200) die gîge. Im ahd. sagte man die fidulâ, fiedel. (Weigand, Wrtb. I, 405.)

[2]) Siehe Michael Praetorius: Syntagma musicum. 1619. Bd. II.

Unterrichten wir uns jetzt über die Herkunft des Namens „Viola". Fälschlich wurde der Name „viola" oft von dem griechischen φιάλη abgeleitet, weil die Körper der ältesten Geigen Aehnlichkeit mit einer Schale darboten.¹) Im Altgriechischen hat jedoch φιάλη nie die Bedeutung irgend eines Musikinstrumentes noch eines Theiles eines solchen gehabt, sondern es war einfach eine Schale. Das lat. phĭăla war, wie aus Plinius u. A. zu entnehmen ist, ein Trinkgeschirr mit flachem Boden. Bei den mittellateinischen Schriftstellern finden wir phiala in der Bedeutung einer Quelle in Palästina, aus der der Jordan fliesst²), ferner in der Bedeutung einer Schale³) und eines heiligen Geräthes.⁴) Ein einziges Mal wird fiala als Name eines Musikinstrumentes ge-

---

¹) Vielleicht ist hierbei an die Sage gedacht worden, die sich an den Hermes knüpft; sie schreibt diesem Gotte nämlich die Herstellung der Lyra zu, indem Hermes über den concaven Theil einer Schildkrötenschale Saiten spannte.

²) Ducange, Glossar. mediae et infimae latinitatis. Phiala, Fons aquarum receptaculum: Graecis recentioribus, φιάλη. Adamnamus lib. 2 de Locris S.S. cap. 19: Est ergo illius fontis nomen, qui est in Trachonitide, Fiala, plena aquarum semper, unde Jordanis mediterraneis meatibus derivatur. Vide quae de Phialis ad notamus in Descriptione aedis Sophianae.

³) Ducange, l. c. Phiala cum candela. Anastasius in S. Scloestro P.P. pag. 14. In medio fontis columna porphyretica, quae portat Phialam auream, ubi candela est auro purissimo pens. lib. 50 ubi ardent in diebus Paschae Balsami libri 200 etc.

⁴) Ducange, l. c. Phyala. Francisca, inter ministeria sacra recensetur in donatione S. Rudesindi Episc. pro Monast. S. Salvatoris de Cella nova tom. 3. Concil. Hispan. pag. 181: Concedimus etiam Phyalas argenteas Franciscas II. soparia exaurata, lopas exauratas cum coopertoriis II.

braucht, jedoch wie Ducange anmerkt irrthümlich.[1]) Dann wiederum tritt fiala als Name eines Weingefässes auf[2]), und endlich bedeutet fiola das Tüchlein, welches über dem Kelche in der Messe ausgebreitet wird.[3]) Ducange meint, dass es filiola heissen müsse, da dieses Wort für Tüchlein in dieser Bedeutung feststehe. Ducange sieht fiala in dieser Bedeutung für eine Corrumpirung des Textes an. Es sind hiernach keine Gründe vorhanden, den Ursprung der Viola selbst und des Wortes in φιάλη und den von diesem abgeleiteten phiala und fiala zu suchen.

Eines Anderen werden wir sofort belehrt, wenn wir in dem provençalischen Worte viula den Namen eines Bogeninstrumentes kennen lernen und erfahren, dass alle mit v anlautenden provençalischen Wörter vorzugsweise lateinischen Ursprunges sind. (Siehe Fr. Diez, Rom. Wrtb.) „Der mittellateinische Ausdruck für viula ist vitula und dieses kann nur abgezogen sein aus dem

---

[1]) Ducange, l. c. Fiala, perperam pro Fiola, Instrumentum musicum. Caesarius lib. 6. Miracul. cap. 7 apud Macrum in Hierolex: Cum vice quodam joculorem introduxisset, et ille dulcedine Fialae dormientem.

[2]) Ducange, l. c. Fiala, Phiala vas vinarium. Correct. stat. Cadubr. cap. 75. Jubemus quod nullus hospes sive tabernarius .... audeat .... in ejus taberna sive hospitio tenere Fiolas, quae non sint justae mensurae .... Jurati ad hoc teneantur conficere unam bonam mensuram et justam, et cum justificare, vel facere justificari omnes Fiolas et alias mensuras dictorum hospitum et tabernariorum.

[3]) Ducange, l. c. Fiala. Mozarabibus, nobis operimentum lineum sacris calices ad Missam, ut docent docti Hagiographi ad Offic. Mozarab. tom, 5. Jun. Act. S. S. pag. 219. col. I: Ponit calicem super aram et accipit Fialam sine sanctificatione, et ponit super calicem dicendo, etc. Sed legendum esse Filiolam jam dictum est in voce Filiola.

lateinischen vitulari (springen wie ein Kalb, sich lustig gebärden)." Fr. Diez fährt fort: „Die Violine aber war die üblichste Begleiterin von Lustbarkeiten. Ein Dichter bei Ducange nennt sie vitula jocosa.[1]) Springen, tanzen, musiciren sind in einandergehende Begriffe, und dass vitulari ein Substantiv vitula mit dem concreten Begriffe eines Instrumentes lieferte, ist den Sprachgesetzen gemäss. Aus vitula aber ward durch Umstellung prov. viutla und endlich viula, viola. Hieraus ist ital. vióla geworden, das nicht unmittelbar aus vitula entstehen konnte; span. vituela; franz. viole; altfranz. vielle vom lat. vitella; mhd. vigele." Ducange[2]), Wackernagel, Schade und Weigand theilen die Ansicht, dass viola seinen Ursprung in dem lat. vitulari hat. Wackernagel[3]) und Schade[4]) wollen sogar noch das ahd., in Otfried's Evangelienharmonie vorkommende Wort fidula[5]) mhd. fiedel, aus

---

[1]) Ducange, l. c. Galfridus de Vino Salvo, qui floruit sub Ricardo I. Rege Angliae, in Poëtria M. S. seu de Coloribus Rhetoricis:
    Cymbala praeclara, concors symphonia, dulcis
    Fistula, somnifera cytharae, vitulaeque jocosae.

[2]) Ducange, l. c. Vitula, vidula, viella. Instrumentum musicum, nostris Vielle et Violon dictum. Ugutitio et Joan de Janna: Vitula, quoddam instrumentum musicum, unde vitulari, cum vitula cantare.

[3]) Wackernagel, Altdeutsches Wörterbuch 341. Videle, vigele, ahd. fidula, mittellat. vitula, vidula, mittelfranz. viele von vitulari lustig sein.

[4]) Schade, Althochdeutsches Wörterbuch 192. Fidulâ ahd.; mhd. videle aus mittellat. vitula, vidula, woraus auch provenç. vinla, viola (für viutla) vom lat. vitulari (springen wie ein Kalb, sich lustig gebärden).

[5]) sih thas ouh al ruarit, thaz organa fuarit lira, ioh fidulâ, ioh managfaltu suegula.

derselben Quelle herleiten, aus der das Wort viola stammt. Die von Einigen vertretene Ansicht, der Name fidula scheine vom lat. fides hergeleitet, sei hier nur erwähnt. Weitere Belege für die Existenz der verschiedenen Namen früherer Zeit des in Rede stehenden Bogeninstrumentes hat Ducange in seinem Glossarium nach Quellen aufgezeichnet.[1][2][3][4][5][6][7][8]

---

[1]) Vidula, Eadem notione, apud Constanium Africanum lib. I. de Morbor. curat. cap. 16:
 Ante infirmum dulcis sonitus fiat de musicorum generibus,
  sicut campanula, Vidula, rota et similibus.
 Occurit praeterea in lib. M. S. Miraculorum Rupis amator.
  part. I. cap. 34.

[2]) Viella, Ejusdem notionis. Egidius Parisiensis, M. S. lib. I. Karolini:
  ..... Et decantanta per orbem
  Gesta solent melicis aures mulcere Viellis.
 Nicolaus de Bracia in Ludovico VIII:
 Occurrunt mimi dulci resonante Viella,
 Instrumenta sonant, non sistrum defuit illic, etc.
(Odo in Carm. de Varia Ernesti Ducis Bavariae fortuna, apud Marten tom. 3. Anecd. col. 315.
  ..... Sistris respondent cymbala dulces
  Organa concordant voces, lyricisqne Viellae
  Contendunt odis, etc.)

[3]) Viela, in Stat. Ordin. Praemonstrat. dist. 4, cap. 10.
 Le Roman de Girard de Vienne M. S.:
   Par le Palais vout grant joie menant,
   Li uns Viole, li uns conte Romans.
 Le Roman de Philippe de Macedoine M. S.:
   D'arpe, de Vielle aprist.
 Le Roman du Renard M. S.:
   Harpes i sonnent et Vielles
   Qui font les melodies belles.

Nachdem wir so Klarheit über das Wort „Viola" als Name für ein Streichinstrument erhalten haben,

Colinus Musetus. M. S.:
J'alai a li praelet,
O tot la Vielle et l'archet,
Si li ai chanté le muset.
Ménétriérs de Vielle, in Chronico flandriae. cap. 9.

[4]) Viola. Vox ejusdem originis et notionis, instrumentum musicum, quod vulgo nostri Viole dicunt. Sanutus lib. 2. part. 4. cap. 21: Alia genera dulcia musicorum, ut sunt Violae, cytharae et rotae.
(Statuta in crimin. Soanae. cap. 26. fol. 53:
Pulsando cum lira, Viola, leuto, seu alio quovis instrumento etc.)
Gervas. Tilber. in Otiis imper 111. Decis. 92. ubi de Giraldo de Cabronis:
Violam trahebat, dominae choream ducebant et equus
ejus incomparabilibus circumflexionibus saltabat.

[5]) Violer. Pro lyram pulsare in Consolat. M. S. lib. 3 ubi de Orpheo:
Et si doucement Viola
Quil fist au doulz son de sa corde
Encliner à misericorde
Celles qui tormentent les armes.....
Orpheus prist si doucement
A demener son instrument
Que pour son très douz Violer,
La roë cessa reoler.

[6]) Fiola pro Viola. Sueno in Histor. Danica cap. 3:
Quos ingenti tripendio coetus conictatur histrionum
in Fiolis citharis, et tympanis modulantes.

[7]) Viellator, Qui ejus modi instrumentum pulsat, Gall. Vielleur, Vita S. Amalbergae tom. 3. Julii. pag. 105: Organistae, buccinistae, tympanistae, Viellatores et cytharistae etc.

[8]) Vieloor, apud Lobinellum in Gloss. ad calciem tom. 2. Hist. Britann.

wollen wir einen Einblick in die Geschichte der Entwickelung der Streichinstrumente thun. Zweifellos ist das rebâb der Araber (rababe oder rebabeh), das altfr. Rebek die Mutter unserer heutigen Bogeninstrumente. Wir wissen, dass jenes Bogeninstrument, welches heute noch im Orient existirt, ins Abendland importirt wurde, als sich ein friedlicher Verkehr der Völker des Abendlandes (der Spanier, Italiener und der Völker des Frankenreiches) mit den Arabern entwickelte, nachdem letztere sich unter Tarik 711 in Spanien festgesetzt hatten, beim Weitervordringen nach Westen aber durch Karl Martell 732 abgewiesen waren. Dass der orientalische Name (rebâb, rebabe, rebek) für dieses sich bald mehr und mehr verbreitende Bogeninstrument nach und nach verdrängt wurde durch einen Namen, der den einheimischen (romanischen und germanischen) Begriffen mehr entsprach (vitula, viutla, viula, viola, fiedel), ist wohl erklärlich. Quellen für die Beobachtung der Weiterentwickelung dieses Bogeninstrumentes bestehen bis zum Anfange des XVI. Jahrhunderts besonders in einigen erhaltenen Ueberresten der bildenden und zeichnenden Künste, sowie in einigen Schriftstellen. Die älteste Abbildung eines Rebeks wurde von Abt Gerbert einem Manuscript des IX. Jahrhunderts entnommen (Fig. 1, s. S. 8). Das Instrument hat nur eine Saite; die halbmondförmigen Schalllöcher, die auf orientalischen Ursprung hindeuten, sind in die Tafel eingeschnitten und die Saite liegt auf dem Stege auf. Ein schon weiter ausgebildetes Rebek des XII. und XIII. Jahrhunderts giebt Fétis in seinem Buche: „Antoine Stradivari etc. précedé de Recherches historiques et critiques sur l'origine et les transformations des Instruments à archet". (Paris, 1856.) (Fig. 2, s. S. 8). Der Mönch Notker zu St. Gallen giebt in seinem Psalmenbuche (X. Jahrh.) eine Abbildung des Rebek mit Bogen. Reliefs aus dem XI. Jahrhundert, auf welchen ein Musiker mit einem Bogeninstrumente dargestellt ist, befinden sich in der Kirche des heil. Michael in Pavia. Im Capitale der Kirche St. Georges in Bocherville aus dem XI. Jahrhundert findet sich eine Reihe von 11 musicirenden Figuren ausgehauen; hier sehen wir eine dreisaitige Geige mit Ausschnitten zu beiden Seiten und vier halbmondförmigen Schalllöchern, welche die erste Figur zwischen den Knieen hält, und eine viersaitige elliptische Armgeige, welche die achte sitzende gekrönte

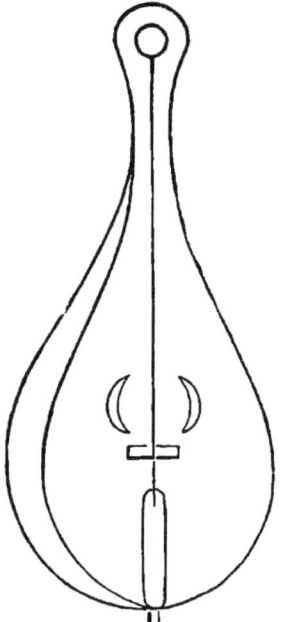   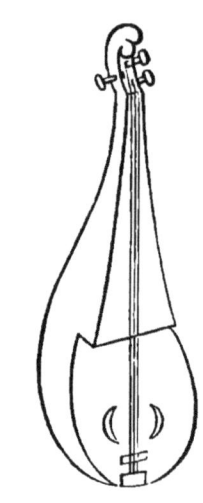

Fig. I. Aeltestes Rebek.   Fig. II. Ausgebildetes Rebek.

Figur in der gewöhnlichen Weise spielt. In der Notre-Dame-Kirche zu Paris (nach Mitte des XII. Jahrhunderts) befindet sich eine Statue, die eine mit vier Saiten bezogene zierlich ausgeschnittene Geige hält; man nimmt das XI. Jahrhundert für die Zeit des Ursprunges der Statue an. Im Innern der Abtei St. Germain des Près in Paris, wahrscheinlich aus dem XII. Jahrhundert, ist ein bärtiger Mann aus Stein gehauen mit einer fünfsaitigen grossen Geige in der Linken, welche er mit dem

Bogen in der Rechten streicht. Der Körper der Geige ist lang gezogen, elliptisch, nicht ausgeschnitten, mit zwei länglichen, etwas nach innen zu gekrümmten Schalllöchern über dem Stege versehen. An dem alten Portale der Abtei St. Denis, das im XII. Jahrhundert erbaut wurde, zeigen sich drei Figuren mit Geigen von drei und fünf Saiten. Das Portal der Notre-Dame-Kirche zu Chartres, deren Gründung ebenfalls in die Mitte des XII. Jahrhunderts fällt, zeigt unter seinen Sculpturen eine dreisaitige Geige. Auf Glasmalereien und Vignetten von Pariser Handschriften aus dem XIII. Jahrhundert erscheint unser besagtes Bogeninstrument schon mehr der heutigen Geigenform angenähert; immer noch deuten die halbmondförmigen einander zugekehrten, die F-Löcher vertretenden Schalllöcher auf den orientalischen Ursprung, jedoch lässt sich aus der sanften Einbiegung in der Mitte der Zargen eine Annäherung an die heutige Geigenform constatiren; der Bogen ist immer noch dem, den wir zuerst in Notker's Psalmenbuche finden, gleich: nämlich der gleichnamigen Waffe. In der rechten Nische des gothischen Portales der Kapelle St. Julien des Ménétriers, ehemals in der rue St. Martin (Paris), befand sich eine Statue, welche auf einer Geige spielte, die schon F-förmige Schalllöcher besitzt. Der Bogen ist gerade. Die Kapelle gehörte einem Hospitale an, das 1330 gestiftet wurde. Die Figur wurde anfangs für den Minstrel Collinus Musetus, später aber für den Patron der Minstrels, für den heil. Genest, gehalten. Aus den Wandgemälden des Orcagna im Campo Santo zu Pisa (1370—1392) finden wir auf dem Bilde il trionfo della morte auf der linken Seite desselben eine Gesellschaft in einem Pomeranzenhain sich mit Lieblings-

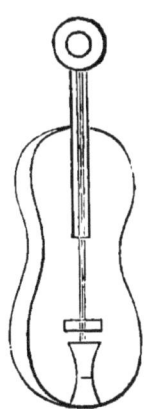

Fig. III.
Dreisaitige
Geige des
Mittelalters.

thieren unterhaltend. Von diesen Personen spielen zwei, die eine auf einer Cither, die andere auf einer sechssaitigen Geige, von der allerdings nur die Rückseite sichtbar ist; dieselbe ist mit Ornamenten versehen. Die Form dieses Bogeninstrumentes, wie wir dieselbe vielfach aus den Abbildungen des XIII. und XIV. Jahrhunderts ersehen (Fig. III, s. S. 9), nähert sich der Form unserer heutigen Geige; es ist diejenige einer Guitarre, während die Streichinstrumente der vorigen Jahrhunderte meistens die Mandolinenform bewahrten. Im Dome zu Schwerin in Mecklenburg (nach 1375 erbaut) befindet sich auf einer bronzenen Grabplatte mit vertieften Umrissen ein auf dem Rebek musicirender Engel. Zu Paris auf der Bibliothek in einem Manuscripte aus dem XIV. Jahrhundert befindet sich eine Zeichnung; dieselbe stellt eine zu Pferde sitzende Dame vor, welche eine dreisaitige Geige spielt. Das Profil zeigt, dass dieses Instrument sogar die Schnecke (Kopf) unserer heutigen Geige besass. De Laborde (Jesuitenpater) zeigt in seinem Werke: Essai sur la musique, T. I, Seite 287, ein Tavelo vom Jahre 1300, welches einem Manuscripte der Pariser Bibliothek entnommen ist. Eine Anzahl Damen und ein Herr unterhalten sich mit Musik. Eine Dame spielt die Ribebe (Rebek). In der Burg Carlstein in Böhmen, deren Ursprungszeit die Mitte des XV. Jahrhunderts ist, giebt es Abbildungen von Bogeninstrumenten, die fast ganz die Form der heutigen Geige haben.

Den Schriftquellen, die bei Gelegenheit der Etymologie des Wortes „Viola" gegeben wurden, reihen wir an dieser Stelle noch eine aus dem deutschen Nationalepos, dem Nibelungenliede, und eine aus der Braunschweiger Stadtchronik (Chronicum picturatum brunsuicense) an, die, wenn auch nicht von der Weiterentwickelung des Bogeninstrumentes, so doch von dem Bestehen desselben Kunde geben. Dem Nibelungenliede, dessen Abschluss ins XIII. Jahrhundert fällt, entnehmen wir folgende Strophen:

Sich kêrte gein dem schalle Gunther der künec hêr:
hört ir die doene, Hagene, die dort Volkêr
mit den Hiunen viedelet, swer gegen der tür gât?
ez ist ein rôther anstrich, den er zum videlbogen hât.

Mich rivet âne mâze, — sprach dô Hagene —
daz ich vor Volkêre in gesaz dem degene
ich was sie sîe geselle unt such er der mîn,
unt kom wir immer, daz sule wir noch mit triwen sîn.

Neschowe, künec Gunther, Volker ist dir holt:
er dienet willelîche dîe silber unt dîe golt.
sîn videlbogen im snîdet durch den harten stâl:
er brichet uf den helmen die lichte schînenden mâl.

Man gesach nie videlaere so hêrlîchen stân,
alsô der degen Volkêr hinte hat gestân:
die sînen leyche hellent durch helm unt durch den rant:
jâ sol er rîten guotin ros unt tragen herlich gewant.

In der Braunschweiger Stadtchronik vom Jahre 1203 findet sich folgender Passus:

„In diesem Jare geschah ein Wunderteken by Stendal in dem Dorpe geheten Ossemer, dar sat der Parner des Mitwerkens in den Pinxte und veddelte synen Buren to dem Danse, da quam en Donreschlach, und schloch dem Parner synen Arm aff mit dem Veddelbogen unde XXIV Lüde tod up dem Tyn."

Ausser diesen Schriftstellen als Quellen für die Existenz eines Bogeninstrumentes liegen uns noch Berichte vor, wie von dem Dominicanermönch Hieronymus von Mähren aus dem XIII. Jahrhundert; derselbe nennt das Rebek ein tiefes Instrument, bezogen mit zwei Saiten, deren Stimmung c g ist.[1]) Der Autor einer anonymen

---

[1]) XVIIIme Chapitre de la compilation de divers traités de musique. Das Manuscript befindet sich auf der Bibliothek in Paris.

Abhandlung über Musikinstrumente (wahrscheinlich aus dem XIII. Jahrhundert) nennt einen gewissen Albinus als Erfinder der viersaitigen Viola, deren Stimmung er mit A d g c angiebt. Wer Albinus war, wird nicht bemerkt.[1])

Soweit die ältesten Nachrichten über die Existenz von Geigen vom IX.—XV. Jahrhundert. Wenn diese Nachrichten sowohl der zeichnenden und sonstigen bildenden Künste als auch der Schriftwerke nichts weiter sind als Documente für den Bestand eines Bogeninstrumentes, das sich aus dem Rebab oder Rebek der Araber herausgebildet hatte bis zu einem unserer heutigen Geige ähnlichen Instrumente, so erhalten wir nun mit dem XVI. und XVII. Jahrhundert eingehendere Notizen und Besprechungen über Bogeninstrumente.

Mit dem Anfange des XVI. Jahrhunderts berichtet uns Sebastian Virdung in seiner „musica getutscht" (Basel 1511) von „Gross-Geigen, Trumscheit und Klein-Geigen". Martin Agricola notirt in seiner „musica instrumentalis", die in Wittenberg 1528 zum ersten Male und 1542 zum zweiten Male erschien, drei Arten von Bogeninstrumenten, die im Bau gleichartig, in Ton, Umfang, Saitenzahl und Stimmung jedoch verschieden von einander waren.

I. Grosse Geigen:
    Discant: F a d g c
    Tenor, Alt: C F a d g
    Bassus: G C F d g

II. Kleine Geigen:
    Discant: G c f a
    Alt, Tenor: C F a d
    Bassus: G C F a

---

[1]) De diversis monochordis, tetrachordis, pentachordis, exachordis, eptachordis etc. ex quibus diversa formantur instrumenta musicae, cum figuris instrumentorum. Dieses Manuscript befindet sich in der Bibliothek der Universität Gent unter No. 171.

III. Andere Art von kleinen Geigen:
Discant: G d a
Alt, Tenor: C G d
Bassus: F C G.

Ein anderes Werk, das über Geigeninstrumente berichtet, ist das des Giov. M. Lafranco: „Scintille di musica" etc. (Brescia 1533.) In diesem Werke erscheint uns zum ersten Male der Ausdruck „violino", welcher dann später bei Michael Praetorius in seinem „Syntagma musicum", Band II, 1619 in stärkerer Präcisirung erscheint. Es heisst daselbst: „Viola de braccio: Item Violino da brazza; wird sonsten eine Geige, vom gemeinen Volk ein fiddel und daher de braccio genennet, dass sie uff dem Arm gehalten wird. Derohalben Bass-, Tenor- und Discantgeig (welche Violino, oder Violetta picciola, auch Rebechino genannt wird), seynd mit vier Säitten; die gar kleinen Geiglein aber mit drey Säiten bezogen (uff französisch pochetto genannt) und demnach dieselben jedermänniglich bekandt, ist davon (ausser diesem, dass wenn sie mit Messings- und stälenen Säitten bezogen werden, einen stillen und fast lieblichen Resonantz mehr als die anderen von sich geben) etwas mehr andeuten und zu schreiben unnöthig." Wir sehen jedoch in dieser Ausdrucksweise des Praetorius keine scharfe Auseinanderhaltung der Viola de braccio und des violino da brazza. Beide Namen erscheinen uns für ein und dasselbe Instrument gebräuchlich. In Bezug hierauf sei eine Stelle aus J. W. v. Wasielewski's Buche: „Die Violine im XVII. Jahrhundert" (Seite 18) angeführt, die uns Aufklärung über die Undeutlichkeit des Prätorius an dieser Stelle geben kann: „Bemerkt muss werden, dass durchaus nicht überall in Gabrieli's Compositionen, wo die Bezeichnung „Violino" steht, unsere heutige Violine gemeint ist, wie man wohl auf den ersten Blick glauben könnte. Sie findet sich bei Stimmen, die sowohl im C- und G-Schlüssel, wie auch im Alt-Schlüssel verzeichnet sind. Für den letzteren wurde unzweifelhaft die Bratsche (Viola de braccio) gebraucht, wie einzelne vorgeschriebene Töne, die nur auf der C-Saite der Bratsche gegriffen werden können, deutlich beweisen. Offenbar hat in solchen Fällen der Componist bei dem Worte „violino" den Zusatz „da braccio" weggelassen, was begreiflich erscheint, wenn man sich vergegenwärtigt, dass man in jener Zeit unter dem Ausdrucke „violino" vielfach nicht blos diese, sondern auch die Bratsche (viola de braccio) verstand; umgekehrt findet sich mitunter auch wieder für die Violine die Bezeichnung Viola, wie z. B. der Titel eines Violinwerkes Carlo Farina's vom Jahre 1627 zeigt. Es ist klar, dass man in jener Zeit die Ausdrücke Viola und Violine noch nicht so genau unterschied, wie wir es thun. Welchem von beiden Instrumenten es indessen galt, darüber gab der vorgezeichnete Schlüssel Auskunft." Anschliessend an die Eintheilung der Geigeninstrumente Agricola's nach Maassgabe der menschlichen Stimmen, wie vorhin angedeutet wurde, befindet sich eine wichtige und grundlegende Stelle in dem Buche von Hyacinth Abele: „Die Violine, ihre Geschichte und ihr Bau." 1874. Es heisst daselbst: „dass man damals nicht allein verschiedene Geigenarten nach der Massgabe ihres äusseren Umfanges unterschied, sondern dass man aus jeder derselben gewissermaassen eine Familie zu machen gewohnt war, die man in ihrer Gliederung, dem Umfange und dem Charakter der menschlichen Stimme nachbildete. Diese Uebung hatte ihren Ursprung in der wachsenden Vervollkommnung des mehrstimmigen Tonsatzes, der seit dem XIV. Jahrhundert kunstgemäss geübt wurde. Im XVI. Jahrhundert trat die Musik im weitesten Sinne auf bei kirchlichen Festen und Feierlichkeiten und zwar nach der Regel in reinem Gesange, an Fürstenhöfen auch wohl mit Begleitung von Instrumenten, die jedoch im Laufe dieses Jahrhunderts keine dem Gesange selbstständig und eigenthümlich gegenübergestellte war. Bei Gesängen weniger Stimmen begnügte man sich damit, einer jeden von diesen ein besonderes Instrument beizugeben; wirkten volle Chöre als gegliederte Tonmassen gegeneinander, wie zumal gegen Ende dieses Zeitraumes geschah, so wurden gleichartige Instrumente eines den Chorstimmen entsprechenden Umfanges jedem einzelnen dieser Chöre zugesellt, um ihn durch die eigenthümliche Klangfarbe vor den anderen auszuzeichnen. Die Instrumentalmusik war damals nur der Nachhall des Gesanges, wiewohl man fast alle Instrumente schon besass, deren die Gegenwart auf so mannigfache Art sich zu bedienen weiss." In diesem Passus ist angedeutet worden, dass aus dem Schoosse der Vocalmusik unsere heutige absolute Instrumentalmusik hervorgegangen ist, indem man den Singstimmen zur Verstärkung und wohl auch zur sicheren Intonation Instrumente beigab, welche im unisono begleiteten, wie wir es z. B. noch in einigen Chören der Händel'schen Oratorien wahrnehmen können. „Sodann aber wurden auch Vocalwerke ausschliesslich von Instrumenten, die in diesem Falle als blosses Surrogat für die Singstimmen erscheinen, zur Darstellung gebracht; wodurch den Spielern Gelegenheit zu mannigfacher Uebung im Vortrag edler und erhabener Kunstwerke gegeben war. In Betreff des erwähnten Gebrauchs, durch welchen für die selbstständige höhere Instrumentalmusik, so zu sagen, ein vorbereitendes Studium gegeben war, haben wir sichere Kunde von der ersten Hälfte des XVI. Jahrhunderts ab. Nicht selten findet sich in gedruckten Vocalwerken der damaligen Tonmeister die Bemerkung, „dass sie auch für Instrumente zu brauchen seien". Schon 1539 erschien in Venedig eine Sammlung Canzonen von A. Gardane und anderen Tonsetzern, deren Titel die ausdrückliche Bemerkung: „buone da cantare et suonare" enthält. Auch Motetten aus der zweiten Hälfte des XVI. Jahrhunderts sind auf dem Titelblatte der betreffenden Sammlung häufig mit „tum viva voce, tum omnis generis instrumentis cantatu commodissimae" bezeichnet.

Betrachten wir nun die Menge der Bogeninstrumente, welche theils die Willkür der Spieler, theils die Willkür und Phantasie der Instrumentenmacher bis ins XVII. und XVIII. Jahrhundert (jener Zeit, in welcher die Grundlagen zu einer kunstgemässen Behandlung des Instrumentalsatzes geschaffen wurden) hatte erstehen lassen. Ein wahrer Wust von Streichinstrumenten tritt uns hier entgegen. Nach Gattung und Art zerfallen diese Bogeninstrumente in Kniegeigen, Armgeigen und Standgeigen, letztere so bezeichnet, weil sie auf den Boden gestellt und stehend gespielt werden. 1. „Die Viola da gamba, Kniegeige, hat sechs Arten, drei für Bass und je eine für Tenor, Alt und Discant, alle mit Bünden auf dem Griffbrette. Die grössten Bass-Violen hatten Contra-E und -D als tiefste, die Discant-Viola (Violetta picciola, Cant Viol da gamba) hatte a_1 als höchste Saite. Die gebräuchlichste war die Tenorviola da gamba, von welcher unser Violoncello abstammt, mit fünf, sechs, auch sieben Saiten, A_1 D G c e a d_1; die A_1-Saite hatte sie durch den Kammermusicus und Gambisten Marin Marais zu Paris (1656 bis 1781) erhalten (siehe Marpurg, Beiträge II, 237). Durch einen ungemein feinen und edlen, wenn auch etwas näselnden Klang ausgezeichnet, war sie in der zweiten Hälfte des vorigen Jahrhunderts noch im Gebrauch.

2. Viole da braccio[1]), Armgeigen, hatte man in sieben Grössen: a) Violen in drei Arten, Gross-Quint-Bass-, Bass-

---

[1]) Mattheson berichtet in seinem „Neu eröffneten Orchester" 1713, pag. 283: „Die füllende Viola, Violetta, Viola da Braccio oder Brazzo ist von grösserer Structur und Proportion als die Violine, sonst aber eben der Natur und wird nur eine Quinte tiefer gestimmt. Sie dient zu Mittelpartien aller Hand Art als: Viola prima (wie bey den Stimmen der hohe oder recht Alt), Viola secunda (wie der Tenor) u. s. w. und ist eines der noth-

und Tenor-Viol di braccio (bei den 24 Violons Ludwig's XIV. Quint, Taille und Hautcontre). Die Tenor-Viola di braccio entsprach unserer heutigen Viola oder Bratsche an Grösse und Stimmung. An die Violen schlossen sich b) die Violinen in vier Arten, von denen die grösste (Discant-Viol, Violetta picciola, Rebechino, Violino) unsere gegenwärtig gebräuchliche Violine ist. Die beiden kleinsten Arten (kleine Posche, Pochetto) hatten nur drei Saiten, in a_1 e_2 h_2 und g_1 d_2 a_2. Bei den zünftigen Musikanten hiessen die Viola da gamba einfach Violen, die Viole da braccio und Violinen aber Geigen oder polnische Geigen. — Ein seines zarten Silberklanges wegen sehr beliebtes Instrument war die Viola d'amore oder Liebesgeige mit Drahtsaiten unter dem Stege, welche durch ihren Mitklang den Klang der auf dem Stege liegenden und mit dem Bogen gespielten Darmsaiten angenehm färbten. Meist hatte sie sechs aber auch fünf und sieben Darm-, aber ebenso viele Metallsaiten.[1]) In der ersten Hälfte des vorigen Jahrhunderts kamen noch verschiedene Arten von Arm-Violen auf

---

wendigsten Stücke in einem harmoniensen Concerte; denn wo die Mittelstimmen fehlen, da wird die Harmonie abgehen, und wo sie übel besetzt sind, da wird alles übrige dissoniren. Es spielet wohl auch ein Virtuose bisweilen ein Bracciosolo und werden vielmahl gantze Arien von Violette all' Unisono gesetzet, welche dann wegen der Tieffe des Accompagnements recht fremd und artig klingen."

[1]) Die Anwendung mitklingender Saiten scheint zu Prätorius' Zeit in England erfunden zu sein, er sagt 1618 (Syntagma II, 47): „Jetzo ist in England noch etwas Sonderbares darzu erfunden", und beschreibt dann die Construction mit der Bemerkung, dass „die Lieblichkeit der Harmonie hierdurch gleichsam erweitert und vermehrt werde."

(Viola da spalla¹); Viola pomposa, letztere von J. S. Bach erfunden), erlangten aber auch nur vorübergehende Bedeutung. Zur Gattung der Viola da gamba gehörte noch die Viola bastarda, Bastardgeige, der Tenor-Viol da gamba ähnlich gestimmt, aber mit etwas grösserem Corpus. „Weiss nicht, ob sie daher den Namen bekommen, dass es gleichsam ein Bastard sey von allen Stimmen; Sintemal es an keine Stimme allein gebunden, sondern ein guter Meister die Madrigalien, und was er sonst uff diesem Instrument musiciren will, vor sich nimpt, und die Fugen und Harmony mit allem Fleiss durch alle Stimmen durch und durch, bald oben aussm Cant, bald unten aussm Bass, bald in der Mitten aussm Tenor und Alt herausser suchet, mit saltibus und diminutionibus zieret und also tractiret, dass man ziemlicher Maassen fast alle Stimmen eigentlich in ihren Fugen und cadentien daraus vernehmen kann."²) Ebenfalls für mehrstimmiges Spiel war die der Bassgambe ähnliche Lira da gamba (Lirone perfetto, Arce-viole telire, Arce violyra), ein grosses Bassinstrument mit 12—14 Saiten auf und zwei neben dem Griffbrette; eine kleinere Art derselben, die Lira da braccio, kam ziemlich mit der Tenorviola überein, hatte aber über fünf Saiten über dem Griffbrette und noch zwei daneben, die aber nur leer gebraucht, nicht gegriffen werden konnten. Die Lira barberina (das Amphichordum), ebenfalls ein vielsaitiges Bass-Bogeninstrument, war eine Erfindung des Giov. Battista Doni (1593—1647); und noch zu Haydn's Zeit beliebt war die Viola di Bordone (Baryton), welche neben ihren 5—7 Darmsaiten für den Bogen noch eine grosse

---

¹) Bei Mattheson in seinem „Neu eröffneten Orchester" 1713, Seite 285: Viola di spalla, die Bassa Viola und der hervorragende Violoncello sind kleine Bassgeigen im Gegensatze zur grossen Bassgeige.

²) Praetorius, Syntagma musicum. II, 47.

Anzahl (bis 24) Metallsaiten unter dem Halse hatte, die man zugleich mit dem Daumen pizzicato spielte."[1])

3. Die grosse Bassgeige, Violino oder Contrabass.[2]) Diese grösste und der Tonlage nach tiefste aller Geigen wird auf den Boden gestellt, stehend gespielt. Die gewöhnlich gebräuchliche Bassgeige hat vier Saiten, welche von der Tiefe zur Höhe in Contra E, Contra A, D, G gestimmt sind. Ausser diesem 4-saitigen Contrabasse giebt es noch den 3-saitigen, dessen Saiten die Stimmung Contra G, D und g haben. (In diesem Jahrhundert hat Carl Otho in Leipzig dem 4-saitigen Contrabasse noch die Contra C-Saite hinzugefügt und so eine 5-saitige Bassgeige geschaffen, welche in Bülow's Orchester mit Erfolg verwendet wird.)

Diesem Gährungsprocess in der Entwickelung der Streichinstrumente folgte die Klärung. Die hohe Bedeutung erlangten die Bogeninstrumente unzweifelhaft durch die kleine Viola (Violine), die ihrer äusseren Gestalt und Form nach, wie sie dieselbe noch heute besitzt, mit dem Anfange des XVI. Jahrhunderts bekannt ist. In ihr hatte man einen Resonanzkörper gefunden, dessen einzelne Theile sich in Verhältnissen zu einander befanden, durch deren Eigenschaften jene Tonfülle, jene Intensität und jene Tragkraft des Tones hervortraten, wie sie keinem Bogeninstrumente vor ihr anhafteten. Dass die Violine dem Soprane beigegeben wurde, ist mit Entschiedenheit nachzuweisen aus dem 1587 zu Venedig erschienenen „Concerto di Andr. et di Giov. Gabrieli organisti della Sereniss. sig. di Venetia continenti di Chiesa Madrigali

---

[1]) A. v. Dommer's Musikgeschichte. 1868.
[2]) Mattheson „Neu eröffnetes Orchester" 1713 S. 285: Der brummende Violone: Gall.: Basse de Violon. Teutsch: Grosse Bassgeige. M. sagt unter Anderem von ihr: „Es mag wohl Pferde-Arbeit seyn, wenn einer dies Ungeheuer drei bis vier Stunden unablässlich handhaben soll."

e altro, per voci e instrumenti musicali." Und mit Recht bemerkt Wasielewski auf Seite 4 seines Buches: „In der That eignete sie (die Violine) sich dafür durch lang gehaltene schöne Tongebung und sopranartigen edlen Klang wie kein anderes Instrument. Wir sehen sie daher weiterhin auch von den Tonsetzern mit besonderer Bevorzugung benutzt als Führerin der Instrumentalmusik thätig." Die glänzenden Eigenschaften der Violine (der Soprangeige) erklären es leicht, dass sich Musiker fanden, die das Spiel auf ihr erweiterten durch Fortschritte in der technischen Behandlung. „Schon zu Anfang des XVII. Jahrhunderts", bemerkt Wasielewski, „erscheint sie (die Violine) neben den Zinken (cornetti) als Führerin der Streichinstrumente in den Gabrielischen Instrumentalsätzen, welche wohl die Bestimmung hatten, während der Messfeierlichkeiten im Offertorium aufgeführt zu werden. Solche Instrumentalsätze, welche zuerst als „Canzone" oder einfach als „Suonata" bezeichnet wurden, erhielten um oder gegen die Mitte des XVII. Jahrhunderts den Namen „Sonata da Chiesa". Später als die „Sonata da Chiesa" erschien die Sonata di Camera und die Partita, für die in Frankreich der Ausdruck Suite geläufig wurde. Durch diese Instrumentalcompositionen wurde der Grund gelegt zu den Instrumentalformen, wie sie noch heute in unserer Kammermusik und Concertmusik bestehen: zu der Violinsonate, Streichtrio, Streichquartett und Sinfonie. Wir sehen nun im Verlaufe des XVII. Jahrhunderts die Componisten in ihren Musikwerken (für Instrumente) mehr und mehr ein befriedigendes Ensemble der musikalischen Ausdrucksmittel anstreben.[1]) Wasielewski sagt auf Seite 60 seines erwähnten Buches: „Während man bisher für die mehrstimmige Instrumentalcomposition häufig neben Saiten- auch Blasinstrumente benutzte und

---

[1]) Siehe z. B.: Gregerio Allegri's Symphonien für duoi Violini, Alto e Basso di Viola. 1650 u. A. m.

sogar mitunter die Wahl zwischen beiden, namentlich in Besetzung der Oberstimme völlig freistellte, tritt von nun ab hauptsächlich die Familie der Streichinstrumente in den Vordergrund, womit man ein gleichmässig übereinstimmendes Colorit des Klangkörpers gewonnen hatte. Die Cornetti (Zinken) verschwinden und an ihre Stelle tritt ausschliesslich die Violine, welche dadurch eine noch allgemeinere, hingebendere Berücksichtigung finden musste. Zugleich begann mit dieser Normirung in Anwendung der Tonwerkzeuge eine künstlerisch methodische Durchbildung des Streichtrios und des Streichquartettes, jenes einheitlichen Organismus, der später als Hauptkern und Grundpfeiler des Orchesters dessen Fundamentalkraft bildet." Eine Persönlichkeit, die zur Klärung und Erweiterung der musikalischen Kunstform der „Sonate", die im Laufe des XVII. Jahrhunderts sich entwickelnd die Instrumentalcanzone verdrängte, in Betreff der Bogeninstrumente ausserordentlich viel beitrug, war Arcangelo Corelli (1653—1713). Er hat nicht nur das Verdienst, die formale Gestaltung des entstandenen Kunstproductes der Violin-Sonate erweitert zu haben, indem er die Vierzahl der Sätze derselben feststellte und sich bemühte durch einheitliches Colorit, welches durch die Wahl der Darstellungsmittel gewonnen wurde, einem höheren Kunstziele als seine Vorläufer entgegenzustreben, sondern er hat auch das Verdienst, das ideale Moment der Sonate, den geistigen Gehalt derselben, vor allem Anderen in's Auge gefasst zu haben. Aber erst mit Joseph Haydn beginnt die wirkliche Autorisirung der Sonate als Kunstform. Haydn war aber beeinflusst, wie wir wissen, durch Philipp Emanuel Bach's „Sonaten für Kenner und Liebhaber", von dem er selbst gesteht „das Meiste gelernt zu haben, was er wisse" (Griesinger, Biograph. Notizen über Haydn, pag. 103), und Philipp Emanuel Bach ist derjenige Deutsche, der die Instrumentalform der italienischen Meister, wie sie vorzugsweise durch Corelli und

D. Scarlatti gegeben war, förderte und so den bekannten grossen Einfluss ausübte, der sich (allerdings nur in formaler Beziehung) in seiner ganzen Grösse bei seinen Nachfolgern Haydn, Mozart und Beethoven geltend machte, welch Letzterer das Sprachvermögen der Instrumentalmusik derart erweiterte, dass dieselbe ebenbürtig der Vocalmusik ward. Ph. Em. Bach und Haydn nannten nun ihre grösseren auf der Sonatenform begründeten Instrumentalcompositionen, in denen sie alle ihnen zu Gebote stehenden Tonwerkzeuge benutzten, Symphonieen. Thun wir nun nach der Seite der Gruppirung und Zusammenwirkung der Darstellungsmittel einen Blick auf die Symphonieen, wie sie uns zuerst durch Haydn, dann durch Mozart und später durch Beethoven in der grossartigsten Weise entgegentreten, so finden wir den äusseren Apparat einer Symphonie zusammengesetzt aus Hauptgruppen von Tonwerkzeugen. Es sind dies: 1. Die Gruppe der Bogeninstrumente. 2. Die Gruppe der Holzblasinstrumente. 3. Die Gruppe der Blechblasinstrumente. 4. Die Gruppe der Schlaginstrumente mit bestimmter und unbestimmter Tonhöhe. Betrachten wir jede einzelne Instrumentengruppe, mit Ausnahme der der Schlaginstrumente, so unterscheiden sich die einzelnen Instrumente innerhalb derselben wiederum in ihrem Tonumfange und Toncharakter von einander. Bei jeder Instrumentengruppe bildet die Eintheilung in vier Stimmen den Hauptgrundzug, wie uns dies in dem heutigen Streichquartett, das aus Violine, Viola alta, Violoncello und Contrabass besteht, erscheint. Unsere kleine Viola oder Violine haben wir bei Darlegung der Entwickelung der Bogeninstrumente als Soprangeige kennen gelernt. Sie führt auch noch jetzt, gleich wie der Sopran den übrigen menschlichen Stimmen prävalirt, die Bogeninstrumente an. Der Soprangeige ist als Bassinstrument die Bassgeige (Contrabasso oder Violino) gegenübergestellt. Sie bildet den Bass, das Fundament der Streichinstrumentengruppe. Der Name

Contra-Basso muss in Beziehung auf die Töne der Contra-Octave gelten, die dem Contrabasse (dem viersaitigen vom Contra E, dem fünfsaitigen vom Contra C an) innewohnen. Der Bassgeige folgt nach oben hin die kleine Bassgeige oder das Violoncello. Dieses Instrument vertritt die Bariton- oder auch die Tenorstimme bei den Bogeninstrumenten des Orchesters. Nicht selten verstärkt es auch die Töne der grossen Bassgeige in einer höheren Octave. Bernhard Romberg erhob das Violoncello zu einem Instrumente von gleicher Bedeutung, wie es die Violine als selbstständiges Ausdrucksmittel ist. B. Romberg wurde dadurch der eigentliche Begründer des virtuosen Violoncellospieles; er war für dasselbe, was Corelli für die Entwickelung des Violinspieles war. Die Stimmung der Saiten des Violoncellos ist: C, G, d, a.

Das vierte Mitglied unserer heutigen Bogeninstrumente ist die Viola alta (Violetta, Alto (franz.), Tenor (engl.) Viola di braccio, auf Deutsch mit dem corrumpirten Namen „Bratsche" benannt). Ihre Stimmung ist c g d_1 a_1. Es ist nachgewiesen, dass die Gruppe der Bogeninstrumente sich im Anschluss an den Chorgesang herausbildete und sich gleich wie die menschliche Stimmgruppe (Sopran, Alt, Tenor und Bass) in Sopran-, Alt-, Tenor- und Bassinstrumente theilte. Wir haben ferner erkannt, wie die Violine der Oberstimme des Gesanges (dem Sopran) beigegeben wurde und allmälig den Zinken verdrängte, mit dem sie eine Zeit lang die Herrschaft theilte. Die Violine wurde der Sopran der Bogeninstrumente (Viola sopra). Als Bass der Bogeninstrumente ist uns der Contrabass (Violono oder Viola bassa) entgegengetreten, und als Tenor dieser Instrumentengruppe bestimmte sich uns das Violoncello (Viola tenore). Vergleichen wir jetzt die Tonlagen der Bogeninstrumente Violine, Violoncello und Contrabasso mit derjenigen der Viola alta, so erscheint uns dieses Instrument als Vermittlerin zwischen Violine und Violoncello und in Anbetracht des Tonumfanges als Vertreterin der Altstimme im Vereine der Bogeninstrumente. Was die Benennung dieses Bogeninstrumentes anlangt, so wäre wohl der Genauigkeit wegen endlich eine Feststellung am Platze. In Deutschland heisst unser Instrument „Viola" oder auch „Bratsche"; in Frankreich „l'Alto", in England „Tenor". Viola ist nun (wie bereits erkannt) ein Allgemein-, ein Geschlechtsname, und das Wort „Bratsche" ist eine Corrumpirung des Wortes „braccio" (der Arm). Viola di braccio wäre sinnvoll, allein dieser Name könnte auch von der Violine gelten, die ebenfalls im gleichen Sinne eine Armgeige ist. Um „Tenor" unser Instrument zu nennen, fehlen jegliche Anhaltspunkte; es müsste denn das Factum maassgebend sein, indem in Händel'schen Oratorien häufig die Viola di braccio mit dem Tenor in Chören zusammengeht. Richtig und sinnvoll erscheint die französische Benennung l'Alto" oder auch zu Deutsch „Altgeige", sowie italien. „Viola alta" als Vertreterin der „vox alta" — der Altstimme.

II.

Ist somit nun der Viola alta ihre Stellung und ihre Bestimmung gegeben, so soll jetzt zum Nachweis der Unzulänglichkeit der allgemein gebräuchlichen Altgeige geschritten werden. **Unsere bisherige Viola alta erfüllt ihren Zweck als Altgeige nur unvollkommen, weil dieselbe missgestaltet, d. h. nicht nach den für sie geltenden akustischen Principien gebaut ist.**[1]) Wir wollen die Beweisführung für diese

---

[1]) Es soll hiermit nicht ausgeschlossen sein und angezweifelt werden, dass hie und da ein prächtiges und volltönendes Instrument aus alter Zeit erhalten geblieben, welches in den Dimensionen oder annähernd in denselben, welche für die eigent-

These liefern: a) durch äussere Zeugnisse, d. h. solche, die ausserhalb des Instrumentes liegen; b) durch innere Zeugnisse, d. h. solche, die im Instrument selbst liegen. Die aufgestellte These wird Zweiflern sogleich einleuchten, wenn sie den Tönen der meisten unserer bisherigen Altgeigen zuhören. Sollen diese lichtscheuen, dumpfen, nasalen und spröden Töne wirklich die wahren Töne der Altgeige sein? Nimmermehr! Ist nicht das leitende Princip bei Ausbildung der menschlichen Stimme Klangschönheit, Wohlklang und Klangfülle? Und warum sollte dasselbe nicht auch bei einer Geige Geltung haben? Die möglichste Annäherung der Geigenklangfarbe an die der menschlichen Stimme soll unseres Erachtens beim Bau eines Geigeninstrumentes erstrebt werden; hat doch die vox humana diejenigen Eigenschaften aufzuweisen, die wir Klangschönheit, Wohlklang und Klangfülle nennen. Es ist daher zu verwundern, wenn Musiker und einige Musikschriftsteller einen näselnden Klang von der Viola alta hören wollen und gerade in diesem Näseln ein Charakteristicum für die Viola alta sehen. Schnyder von Wartensee spricht dieses geradezu von der Viola aus in einer Geburtstagshymne an den Kapellmeister Guhr in Frankfurt a. M. 1830: „Man nennt mich Frau Base, Denn etwas sprech' ich durch die Nase, Doch ehrlich mein' ich es und treu. Altmodisch bin ich, meine Sitte Ist stets zu bleiben in der Mitte, Und nie mach' ich ein gross' Geschrei." Auf Seite 95 seines Buches: „Ueber den Bau der Saiteninstrumente und deren Akustik" sagt Welcker von Gontershausen: „Ihr Ton (der Viola alta) hat einen sanften Ernst, dem ein eigenthümliches Näseln

---

liche Altgeige gelten müssen, gebaut ist. Der Verfasser selbst hatte mehrere Male Gelegenheit, solche Instrumente kennen zu lernen; dieselben bilden aber in der grossen Allgemeinheit geradezu Ausnahmen und ändern an der Bratschen-Misère wenig oder gar nichts.

einen ungewöhnlichen Reiz verleiht." Auf Seite 57 desselben Buches ist zu lesen: „Der Ton unserer Altviola ist im Vergleich mit dem Tone der Violine schwach und abweichend in der Klangfarbe. Durch eine Erhöhung der Zargen liesse sich zwar die Tonstärke leicht vermehren, aber dadurch ginge gerade der sanfte, mit einem gemüthlichen Näseln verbundene, speciell kennzeichnende Toncharakter dieses Instrumentes verloren, welcher einen Hauptvorzug für unser Orchester bildet." Dergleichen Aussprüche sind nicht zu begreifen. Wir hassen das Näseln im Sprachtone und erst recht im Gesange, im Violinklange wird es ebenfalls verabscheut; warum muss nun gerade die Altgeige die Trägerin dieser Eigenschaft sein? Warum verlangt man nicht auch von der menschlichen Altstimme einen nasalen Klang? Einfach darum nicht, weil das Näseln nicht zum Sympathischen des Altklangcharakters passt, und aus eben diesem Grunde ist es auch an der Altgeige unstatthaft und unpassend. Wir dürfen uns daher nicht wundern, wenn die Altgeige keine so grosse und bedeutsame Litteratur aufzuweisen hat wie z. B. die Violine, und müssen annehmen, dass gerade die Sprödigkeit des Klanges der bisherigen Altgeige die Ursache ist, weshalb sie so wenig bedeutende Vertreter unter den Musikern findet. Selten wird man finden, dass Musiker mit solcher Hingebung an diesem Instrumente hangen und dasselbe in der Weise pflegen, wie es der Violine zu Theil wird. Selten widmeten Musiker der Altgeige ihr ganzes Leben, meist wurde sie als ein nebenbeigehendes Instrument angesehen, das auf Eigenartigkeit kaum Anspruch hatte. Daher kommt es auch, dass die Benützung der Altgeige als selbstständiges Ausdrucksmittel (ich meine das Solospiel auf diesem Instrumente) in gar keinem Verhältnisse zur Violine oder zum Violoncello steht. Thatsache ist es, dass schon früher Musiker einsahen, es könne die gewohnte Altgeige doch nicht die wahre sein; jedoch ein Versuch, die aufgedeckten Uebelstände derselben zu beseitigen, war ihnen bisher nicht beigefallen. So z. B. bei Hector Berlioz. Es möge aus dessen „Grand traité d'instrumentation et d'orchestration modernes" die ganze Stelle folgen, die von der Altgeige handelt, weil in ihr auf's entschiedenste die Klage über die bisher gebräuchliche Altgeige geführt wird: „Unter allen Instrumenten ist die Viola dasjenige, dessen vortreffliche Eigenschaften man am längsten verkannt hat. Sie ist ebenso beweglich und gewandt wie die Violine, der Ton ihrer tiefen Saiten hat eine eigenthümliche Schärfe, ihre hohen Töne glänzen durch ihren traurigen, leidenschaftlichen Accent, und ihr Klang im Allgemeinen, eine tiefe Wehmuth athmend, unterscheidet sich von dem Klang der übrigen Bogeninstrumente. Und doch wurde sie so lange gar nicht beschäftigt, oder nur zu eben so unedlem als nutzlosem Gebrauche verwendet, meistens als Verdoppelung der Bassstimme in der höheren Octave. Es giebt mehrere Ursachen der ungerechten Knechtschaft dieses edlen Instrumentes. Erstlich schrieben die meisten Tonsetzer des letzten Jahrhunderts selten einen rein vierstimmigen Satz, und wussten folglich nicht, was sie mit ihr anfangen sollten, und wenn sie nicht sogleich ein paar Noten für sie fanden zur Ausfüllung der Accorde, so beeilten sie sich, das leidige „col Basso" hinzuschreiben, und dies bisweilen mit so geringer Vorsicht, dass dadurch eine Verdoppelung der Bässe entstand, die mit der Harmonie oder mit der Melodie, oder mit beiden zugleich unverträglich war. Dann war es zum Unglück unmöglich, hervortretende Stellen, die selbst nur ein gewöhnliches Talent zu ihrer Ausführung fordern, für die Viola zu schreiben, da die Violaspieler nur aus dem Ausschusse (rebuts) der Violinisten genommen werden. Wenn ein Musiker sich unfähig fühlte, einen Platz bei der Violine gehörig auszufüllen, so setzte er sich zur Viola. Die Folge davon war, dass die Bratschisten weder die Violine noch die Viola spielen konnten. Ich muss sogar gestehen, dass selbst in unserer Zeit dieses Vorurtheil gegen die Violastimme noch nicht ganz getilgt ist, und dass es in den besten Orchestern noch Musiker bei der Viola giebt, die die Kunst, diese zu spielen, nicht besser verstehen, als die Behandlung der Violine. Aber man fühlt von Tag zu Tag immer mehr den Uebelstand, der aus der allzugrossen Nachgiebigkeit in dieser Hinsicht entsteht, und allmälig wird die Viola gleich den anderen Instrumenten nur geschickten Händen anvertraut sein. Ihr Ton ist so anziehend und fesselt dermaassen die Aufmerksamkeit, dass es nicht nöthig ist, eine Anzahl gleich der der zweiten Violinen von ihnen zu haben. Ihre Eigenschaften, in Betreff des Klanges und des Ausdruckes sind so hervorspringend, dass sie bei den sehr seltenen Gelegenheiten, wo die alten Tonsetzer sie selbstständiger auftreten liessen, jederzeit ihren Erwartungen entsprochen hat. Man kennt den tiefen Eindruck, den sie immer hervorbringt in dem Musikstücke der Oper „Iphigenie auf Tauris", wo Orest, von Müdigkeit erschöpft, keuchend von Gewissensbissen gefoltert, unter den Worten: „Die Ruhe kehrt mir zurück" einschlummert, während das Orchester, dumpf bewegt, Seufzer, convulsivische Klagen hören lässt, die unaufhörlich von dem greulichen und hartnäckigen Gemurmel der Viola beherrscht werden. Obwohl in dieser, von einer Inspiration, die keine Erklärung zulässt, eingegebenen Stelle keine Note, weder in der Singstimme, noch in den Instrumenten, befindlich ist, deren Intention nicht erhaben wäre, so muss man doch anerkennen, dass die Bezauberung, die den Zuhörer ergreift, das Gefühl des Grauens, das ihm die weit geöffneten Augen mit Thränen füllt, nur eine Wirkung der Viola ist, des Tonklanges ihrer dritten Saite, ihres syncopirten Rhythmus und der seltsamen Wirkung des Unisono, die aus ihrem syncopirten A hervorgeht, in der Mitte barsch abgeschnitten von einem andern, einen verschiedenen Rhythmus markirenden A der Bässe. In der

Ouvertüre zu „Iphigenie in Aulis" hat Gluck sie noch als Grundstimme und einzigen Stützpunkt der Harmonie gebraucht, nicht um eine aus der Eigenthümlichkeit ihres Tones hervorgehende Wirkung zu erzielen, sondern um den Gesang der ersten Violinen so sanft als möglich zu begleiten und den Angriff der Bässe, der nach einer ziemlich grossen Anzahl von Pausen bei dem forte eintritt, fürchterlicher zu machen. Sacchini lässt ebenfalls in der Arie der Oper „Oedipus": „Ein Asyl hast du mir gewährt" die Violen allein die tiefe Stimme spielen, ohne darum einen Kraftausbruch vorbereiten zu wollen. Im Gegentheil giebt hier diese Instrumentation der Gesangstelle, die sie begleitet, eine köstliche Frische und Ruhe. Der Gesang der Violen auf den hohen Saiten thut Wunder in Scenen religiösen und antiken Charakters. Spontini hatte zuerst die Idee, ihnen die Melodie in einigen Stellen seiner bewunderungswürdigen Gebete der Vestalin anzuvertrauen. Méhul, verführt durch die Sympathie, welche zwischen dem Ton der Violen und dem träumerischen Charakter der Ossianischen Poesie obwaltet, wollte sich in seiner Oper Uthal ihrer allein ohne Unterbrechung bedienen mit gänzlichem Ausschlusse der Violinen. Die Folge davon war nach dem Ausspruche der Kritiker jener Zeit eine unerträgliche Monotonie, die dem Erfolge des Werkes schadete. Dies war die Veranlassung zu Grétry's Ausruf: Einen Louisd'or gäb' ich, könnte ich eine Quinte hören. Man theilt heutzutage die Violen öfter in erste und zweite ab. Für grosse Orchester, gleich dem der Grossen Oper von Paris, wo sie in genügender Anzahl vorhanden sind, mag es nicht unpassend sein, so zu schreiben; aber bei allen andern, wo man kaum vier oder fünf Violaspieler zählt, kann diese Theilung einem an sich schon schwach besetzten Instrumente, das die übrigen zahlreicheren ohnehin jeden Augenblick zu erdrücken drohen, nur schädlich sein. Noch muss gesagt werden, dass die meisten

Violen, deren man sich gegenwärtig in unseren französischen Orchestern bedient, den gehörigen Körperumfang nicht haben, sie sind weder so gross, noch im Tone so stark, als wie die wahren Violen; es sind fast nur mit Viola-Saiten bezogene Violinen. Die Musikdirectoren sollten den Gebrauch dieser Bastardinstrumente durchaus verbannen, deren schwacher Klang einen der interessantesten Bestandtheile des Orchesters seines Colorits beraubt, indem er ihm viel Kraft entzieht, besonders in den tiefen Tönen."

Berlioz, der in diesem Passus die Altgeige ein „edles Instrument" nennt, beklagt ihre geringe Klangkraft besonders in den tieferen Tönen mit vollem Rechte. Hören wir einer unserer bisherigen Altgeigen zu; ihr Klang ist spröde und gewissermaassen gedrückt und gleich der Stimme eines engbrüstigen Wesens; er ist nicht frei und bei den meisten Altgeigen dazu noch nasal und auf den beiden tieferen Saiten sogar röchelnd. Man wird einsehen, dass diese Eigenschaften nicht der Altgeige angehören sollen. Es tritt an uns die Frage heran: Warum klingen die bisherigen Altgeigen so spröde, nasal und auf den tieferen Saiten so trocken und stumpf? Berlioz findet den Grund für die schlechten Eigenschaften der meisten Altgeigen in den verfehlten Dimensionen der einzelnen Theile; er meint, dass die heutigen Altgeigen nicht die Grösse wirklicher Altgeigen hätten. Der berühmte französische Akustiker Savart sagt über die Altgeige: „Die Luftmasse einer Alt-Viola müsste einen Ton geben, der eine Quinte tiefer ist als derjenige, welchen man mittelst Anblasens durch eine an die F-Löcher gehaltene metallene Windröhre hervorbringt. Ist dieser Ton bei der Violine z. B. c, so müsste er bei der Alt-Viola F sein; statt dessen giebt die Luftmasse fast aller Alt-Violen, die man jetzt fertigt, den Ton c wie die Violinen. Daraus folgt, dass die tiefen Töne schwach, rauh und schwer hervorzubringen sind und dass das Instrument nicht den vollen Klang hat, den es haben sollte. Ehemals machte man grosse Alt-Violen, die sich den Bedingungen viel mehr näherten." Der Akustiker F. Zamminer sagt über die Alt-Viola in seinem Werke „Die Musik und die musikalischen Instrumente in ihrer Beziehung zu den Gesetzen der Akustik": „Bei ihr (der Viola) sind die Mensuren, offenbar des Fingersatzes wegen, bedeutend verkürzt, und die Tiefe ist, da auch die Spannungen nahezu dieselben sind, wie bei der Violine, fast allein durch das grössere Gewicht der Saiten herausgebracht. Ob hierin der Grund des weniger hellen und glänzenden Tones der Viola, oder ob er in den mangelhaften Resonanzverhältnissen gelegen ist, bedarf noch näherer Untersuchung." Auf Seite 41 desselben Buches sagt Zamminer: „Es ist nicht unwahrscheinlich, dass man auch dem Resonanzapparat der Viola durch eine nicht allzubedeutende Erhöhung des Kastens eine bessere Resonanz und grössere Tonfülle geben könnte. Allein man wird dagegen eifern und behaupten, dass in dem schwachen und näselnden Tone der Bratschen, in dieser eigenthümlichen Klangfarbe gerade ihr Hauptvorzug für das Orchester bestehe."[1]) Berlioz, Savart und Zamminer finden den Grund für die schlechten Eigenschaften der meisten Altgeigen in den verfehlten Dimensionen der einzelnen Theile des Instrumentes, Savart redet geradezu von mangelhaften Resonanzverhältnissen der Alt-Viola, Zamminer ebenfalls und empfiehlt diesen Gegenstand näherer Untersuchung. Berlioz drückt sich zwar sehr

---

[1]) Wir müssen die Ansicht, dass der Viola alta ein näselnder Klang anhaften solle, aus bekannten Gründen zurückweisen; und glaubt man allein durch eine Erhöhung des Resonanzkastens eine bessere Resonanz und grössere Tonfülle zu erzeugen, so steht auch dieser Ansicht die Erfahrung, indem sie das Gegentheil beweist, entgegen.   Anmerk. des Verfassers.

allgemein aus, wenn er sagt, die heutigen Altgeigen hätten nicht die Grösse wirklicher Altgeigen; uns soll aber die Weiterentwickelung dieses Gedankens, der schon in seiner Allgemeinheit einleuchtend genug ist, die Beweise, die im Instrumente selber liegen, für unsere aufgestellte These liefern. Untersuchen wir daher den Bau einer Geige, um zu sehen, wie die einzelnen Theile zusammenwirken und das vollführen, was uns so mächtig die Seele bewegt. Als Hauptbestandtheile der Geige bieten sich uns die Saiten und der Resonanzkörper dar. Wenn eine gespannte Saite auf irgend eine Weise, sei es durch Anschlag, durch Zupfen oder durch Streichen mit einem Bogen aus ihrer Gleichgewichtslage gebracht wird, so geräth sie in den Zustand stehender Schwingungen. Jeder Körper, welcher sich nun im Zustande stehender Schwingungen befindet, veranlasst in den ihn umgebenden elastischen materiellen Medien eine Wellenbewegung, welche bis zu unserem Ohre fortgepflanzt, die Empfindung des Schalles hervorbringt. Aber mancher stark vibrirende feste Körper lässt doch nur einen ganz schwachen Ton hören und zwar darum, weil er seine Schwingungen der Luft nicht gehörig mittheilen kann. Dies ist, um ein naheliegendes Beispiel zu gebrauchen, bei der Stimmgabel der Fall. Uns interessirt in diesem Falle jedoch die Saite. Um nun den Ton eines solchen Körpers zu verstärken, muss man die Mittheilung seiner Schwingungen an die Luft durch Resonanz, d. h. dadurch befördern, dass man die stehenden Schwingungen des tönenden Körpers noch auf einen andern zu übertragen sucht. Die Oberfläche der Saite ist viel zu gering, als dass sie selbst bei den lebhaftesten Vibrationen kräftige Schallwellen in der Luft erzeugen kann; es ist deshalb nöthig, die Vibration der Saite auf einen leicht beweglichen festen Körper von grösserer Oberfläche (auf einen Resonanzboden oder Resonanzdecke) zu übertragen. Ja! nur der kleinste Theil des markigen und glänzenden Tones der Violine geht von den Saiten unmittelbar aus. Man darf in der That nur eine Violinsaite zwischen zwei wenig elastischen Massen ausspannen, um die Ueberzeugung zu gewinnen, dass ein solch' dünner Faden, welcher der Luft wenig Oberfläche darbietet, nur schwachtönende Wellen in derselben zu erregen vermag. Während diese kaum hörbar sich verbreiten, giebt die Saite den grössten Theil ihrer Bewegung durch Stösse gegen ihre Befestigungs- oder Stützpunkte ab und es ist die Aufgabe des Instrumentenbaues, diesen Theil für die Tonerzeugung möglichst nutzbar zu machen. Die Saite überträgt nun, durch den Bogen in Vibration versetzt, wie schon vorher bemerkt, ihre Schwingungen auf den Resonanzboden durch den Steg, der sich zwischen den beiden F- oder Schalllöchern placirt befindet. Wir sehen also: Die Aufgabe der Resonanz ist keine andere, als die auf die Stützpunkte der Saiten übergehende Bewegung auf solche Körper zu übertragen, welche leicht in elastische Schwingungen versetzt werden und zudem durch ihre Form befähigt sind, in der umgebenden Luft kräftige Schallwellen zu erzeugen. Wir gewahren an unserer Geige aber nicht nur einen Resonanzboden, sondern einen Resonanzkasten von ganz bestimmter Form mit zwei Schalllöchern, welche die Form eines F haben, versehen. Auch die Luft, welche der Resonanzkörper einschliesst, geräth in selbstständige Schwingungen, welche sich durch die im Resonanzboden befindlichen Oeffnungen der umgebenden Luft mittheilen; auch sie trägt zur Verstärkung der Schallwellen bei, denn die Luft ist, wenn sie zwischen starren Wänden eingeschlossen ist, ein so vortreffliches Resonanzmittel, dass man den Ton von Körpern, welche ihr eine etwas grössere Fläche bieten als die Saiten, allein durch Luftresonanz wesentlich verstärken kann. Dies Ebenbehandelte, die Luftresonanz also, ist der Hauptfactor, durch welchen die Geige ihre Töne erzeugt. Reflectiren wir auf die Art und auf das Wesen des Tones der Violine, so ist derselbe sopranhell, von ausserordentlichem Glanze und zugleich von edler Weichheit. In der Violine (der Soprangeige) ist es gelungen, ein Instrument herzustellen, das alle bisher dagewesenen Streichinstrumente an Klangschönheit, Intensität und Tragkraft des Tones übertraf. Es ergeben sich diese Eigenschaften einzig und allein aus dem der Violine eigenartigen Resonanzkörper. Wenn wir nun den Resonanzkörper der Violine als den mustergültigen für ein Bogeninstrument hinstellen müssen, wegen der aus seinen Verhältnissen resultirenden ausgezeichneten Eigenschaften, so ist es wohl einleuchtend und naheliegend, dass, da wir von der Viola alta dieselben Eigenschaften wie Klangschönheit, Intensität und Tragkraft des Tones verlangen, wir für dieselbe den Resonanzkörper in den ihrer Tonlage entsprechenden Verhältnissen herstellen müssen.

Es fragt sich jetzt: wie gross muss der Resonanzkörper der Viola alta im Verhältnisse zur Violine sein? oder mit anderen Worten: wie gross muss das Instrument werden, welches in den Verhältnissen einer Violine gebaut werden soll, jedoch fünf Tonstufen (eine grosse Quinte) tiefer steht als diese? Die Beantwortung dieser Frage werden wir erhalten durch das Gesetz, welchem die Schwingungsverhältnisse ungleicher Luftmassen von ähnlicher Form unterliegen. Da die Form des Resonanzkörpers der Viola alta dieselbe sein soll, wie die der Violine und das Tonverhältniss der Viola alta zur Violine wie das der Unterdominante zur Tonica oder dem Grundtone ist, so sind wir durch jene Forderung und durch diese Erkenntniss der Lösung unserer Frage näher gerückt. Nun verhalten sich die Schwingungszahlen des Grundtones und der Unterdominante wie $1 : \frac{2}{3}$. Dann heisst ein Gesetz: Die Schwingungszahlen verhalten sich umgekehrt, wie zwei entsprechende Dimensionen; folglich ist das Grössenverhältniss zwischen Violine (Tonica) und Viola alta (Unterdominante) $1 : \frac{3}{2}$.

Beweis:

Grundton-Volumen	Unterdominante-Volumen	Unterdominante-Schwingungszahl	Grundton-Schwingungszahl
1	: x =	$\frac{2}{3}$ n	: n

Resultat: $x = \frac{3}{2}$.

Auf dieses Grundprincip für die Construction einer Viola alta kann jede Theorie des Violinbaues angewandt werden, da die Viola alta nichts Anderes ist, als eine Geige in tieferer Tonlage. Der Verfasser dieser Schrift speciell wandte für seine Viola alta die „Geometrischen Regeln für den Geigenbau" von Antonio Bagatella, Padua, 1786, an, und erreichte ein Instrument für die Alttonlage, welches nicht mehr engbrüstig, von dumpfem und näselndem Klangcharakter ist, sondern Leuchtkraft im Tone besitzt und in seiner Tonlage gleich der Violine beredtes Zeugniss von seinem Sangesreichthum und seiner Klangschönheit ablegt. Der Geigenbauer Karl Adam Hörlein (Schüler des berühmten Vauchel) in Würzburg war der erste Erbauer der neuen Altgeige, deren gerechte Anerkennung in Wort und That zu erstreben, ein Theil meiner Lebensaufgabe geworden ist.

So ist die Viola alta nun das Altinstrument in der Geigenfamilie und ist ihrem innersten Wesen nach, welches durch die ihr eigene Tonkundgebung bedingt ist, ein Singinstrument, welches sich sowohl im Orchester, in der Kammermusik sowie als selbstständiges Ausdrucksmittel ausserordentlich eignet. Wohl ist die Sopranstimme der Geigeninstrumente — die Violine — im Allgemeinen freundlicher und gefälliger und wegen der höheren Tonlage biegsamer. Trotzdem aber behauptet die Viola alta neben der Violine ihre Stellung durch die eigenthümlichen Vorzüge, welche der Altstimme angehören, wie pastose Fülle des Tones und bis an's Männliche grenzende hinreissende Kraft. Was auf der Viola alta gegenüber der Violine an pastoser Tonfülle gewonnen ist, büsst dieselbe allerdings an Biegsamkeit und Beweglichkeit ein. Einfachheit, Prunklosigkeit und Schlichtheit sind den Weisen der Viola alta angemessen. Aber bedarf es denn zur Erhebung unseres Gemüthes frappirender Geschwindläufe und sinnbethörender Virtuosenkunststückchen? Man verlange keine Seiltänzereien, die ein falsches Virtuosenthum in die Tonkunst von der Viola alta, denn solche musikalisch nichtssagende Tändeleien und Burlesken stehen im schneidigen Contraste zum Charakter unseres Instrumentes. Die Viola alta wird nie ein sensationslüsternes Publikum befriedigen, wohl aber Demjenigen, dem es am wirklichen schönen Gesang, getragen auf mächtigem Tone, zu thun ist, die herrlichsten musikalischen Segnungen spenden. Die Klangfarbe der Viola alta ist durch ihren Tonumfang bedungen und dieser umfasst so recht eigentlich den schönsten Theil der absoluten Tonhöhe, in welcher ein voller, mächtiger und pathetischer Gesang, gleich wie in der menschlichen Altstimme, am vollkommensten in die Erscheinung tritt. Darum können wir auch von einer vollkommenen Befriedigung durch die Viola alta in ihrer Eigenschaft als selbstständiges Ausdrucksmittel — als Soloinstrument — reden.

Anhang I.

Ein Brief Richard Wagner's an Hermann Ritter, betreffend die Viola alta.

Geehrter Herr! Ich bedaure wahrhaft, immer noch nicht die freie Zeit gewinnen zu können, um über Ihre Altgeige mich so ausführlich vernehmen zu lassen, wie ich es für nöthig halte, um auch meinerseits dazu beizütragen, diesem Instrumente die ihm gebührende Beachtung zu verschaffen. Ich bin überzeugt, dass die allgemeine Einführung der Altgeige in unsere Orchester nicht nur die Intentionen derjenigen Tonsetzer, welche bisher mit der gewöhnlichen Bratsche vorlieb nehmen mussten, während sie für den Gesang den wahren Altgeigenklang beabsichtigten, erst in das rechte Licht gesetzt werden, sondern, dass auch in der ganzen Behandlung des Bogeninstrument-Quartettes eine bedeutende und sehr vortheilhafte Veränderung vor sich gehen dürfte. Die freie A-Saite dieses nun nicht mehr dünn näselnden, sondern hellwohltönenden Instrumentes, wird der gehemmten A-Zwischensaite der Violine manchen energischen Gesang abnehmen können, da die Violine in dieser Lage bisher an energischer Kundgebung des Tones so sehr behindert war, dass z. B. bereits Weber hier sehr häufig ein Blasinstrument (Clarinette oder Hoboe) zur Verstärkung mit hinzu nehmen musste; die Altgeige wird dieses nicht mehr nöthig machen und den Tonsetzer somit nicht mehr zur Anwendung der Mischfarben veranlassen, wo der reine Streichinstrument-Charakter in der Intention lag. Zu wünschen ist nun, dass das verbesserte ungemein veredelte Instrument, sofort an die besten Orchester vertheilt und den besten Bratschenspielern zu einer ernstlichen Pflege dringend empfohlen würde. Wir werden hier auf grossen Widerstand gefasst sein müssen, denn leider treffen wir bei der Hauptanzahl unserer Orchester-Bratschisten nicht gerade auf die Blüthe der Bogeninstrumentisten. Ein anfeuernder Vorgang wird aber Nachfolger herbeiziehen und schliesslich werden Capellmeister und Intendanten dem guten Beispiele Aufmunterung zuzuwenden haben. Sehr bedaure ich, dass Sie mir so spät erst Ihre Angelegenheit zur Kenntniss brachten und ausserdem ich gerade jetzt so ungemein in Anspruch genommen war, dass ich, was in der Kürze der Zeit noch zu ermöglichen gewesen wäre, nicht eifrig genug betreiben konnte. Ich bitte Sie um Nachricht, über die Aufnahme Ihres Instrumentes von Seiten des vortrefflichen Herrn Hofmusikus Thoms in München; Freund Fleischhauer (Concertmeister in Meiningen) erklärte sich ja bereit, für die Anempfehlung der Altgeige schon zum Gebrauche im Orchester bei den bevorstehenden Bühnenfestspiel-Aufführungen in Bayreuth zu wirken. Habe ich so die Aussicht, wenigstens zwei dieser Instrumente bereits in meinem Orchester verwendet zu sehen, so bedaure ich nur, nicht bereits sechs davon zu gleicher Mitwirkung berufen zu können. Es wäre wohl unmöglich gewesen. Ich bitte Sie nun um genaue Mittheilung über die Erfolge, welche bis jetzt Ihrem Instrumente gewonnen worden sind und bitte über mich und mein Zeugniss zu Gunsten Ihrer Sache unbeschränkt zu verfügen.

Zunächst aber danke ich Ihnen noch für die Widmung Ihrer so bündigen und dabei so belehrenden Ab-

handlung und verbleibe mit aufrichtiger Hochachtung
Ihr ergebener
 Bayreuth, 28. März 1876. Richard Wagner.

Aphorismen über die Viola alta oder Altgeige.

„Heese Juforouw" (heisere Jungfrau) hörte ich oft in Holland die bisherige Bratsche nennen. Es ist diese Benennung ebenso bezeichnend, als der Ausdruck manches deutschen Musikers für dieses in seiner bisherigen Construction unzulänglichen Instrumentes, welchem oft der Titel „Esel" verliehen wurde. Bei der Scheu, welche viele Violaspieler meiner neuregenerirten Viola alta in Betreff der Spielbarkeit entgegentragen, gewinnt der Ausdruck „Esel" einen Sinn. Diese Musiker schimpfen nämlich auf die neue Viola alta wie Leute, die ein Pferd bestiegen zum Reiten, das sie aber beständig abwarf. Sie wundern sich darüber, da sie doch bis dahin auf einem Esel geritten waren, ohne heruntergefallen zu sein. Nun schieben sie die Schuld auf das Pferd, ohne einzusehen, dass sie selbst die Ursache des Herunterfallens sind, indem sie nicht mit einem Pferde umzugehen, es nicht zu zügeln und somit nicht in ihre Macht zu bringen verstehen.

   * * *

Wie entstand die Viola alta? Man erkannte das Ausdrucksvermögen der bisherigen Bratsche als nicht genügend gegenüber dem einer Violine, untersuchte daher den Bau dieser Altgeigen und fand denselben mit einer Violine verglichen corrumpirt, in vollständig anderen Verhältnissen. Da die Alt-Viola oder Viola alta als Repräsentantin der Altstimme unter den Streichinstrumenten fünf Tonstufen (eine grosse Quinte) tiefer steht als die Violine und wir von der ersten in ihrer tieferen Tonlage dieselben allgemeinen Eigenschaften des Tones, wie Intensität, offene freie Kundgebung und Tragkraft desselben verlangen, so muss nothwendiger Weise ihr Bau um ein ganz Bestimmtes vergrössert werden. Das aus akustischen Prinzipien resultirende Grössenverhältniss zwischen Violine und Viola alta ist 2 : 3. Man baute ein Instrument auf Grundlage dieses akustischen Principes und siehe da: ein Instrument für die Alttonlage entstand, welches nicht mehr jene Eigenschaften der corrumpirten Viola wie Nasalität im Tone und mangelnde Tragkraft desselben besass, sondern durch grossen sympathischen Ton gleich der menschlichen Altstimme sich auszeichnet.

* * *

Alle Streichinstrumente sind durch das Wesen unserer Natur in Rücksicht auf die menschlichen Stimmen bestimmt.

* * *

Die Regeneration der Viola alta trat nur als eine Correctur des in der Idee schon bestehenden, in Wirklichkeit aber unzulänglichen Streichinstrumentes der Alttonlage auf.

* * *

Die Geige hat im Verlaufe der Jahrhunderte viele Formphasen durchmachen müssen, bis sie es zu jener Form, zu jener Construction brachte, wie sie durch unsere kleine Geige, Violine oder Soprangeige repräsentirt ist. Liegt es nun nicht nahe, von der Violine, der Soprangeige (das vollkommenste Instrument der bisherigen Streichinstrumentengruppe) auf die übrigen Mitglieder derselben bezüglich ihrer Construction und Dimension einzelner Theile Schlüsse zu ziehen?

* * *

Gegen den Einwand, dass die neuregenerirte Viola alta zu stark im Tone sei, möchte ich Folgendes erwidern:

Die neue Viola alta ist fähig, allen Stärkegraden zu genügen, vom leisesten pianissimo bis zum stärksten fortissimo. Weil man nicht gewohnt war, die Altgeige, wie es die Soprangeige (Violine) vermag, aus voller Brust singen zu hören, sondern stets nur beengte Töne vernahm, so findet man das, was als Vorzug zu bezeichnen ist, durch die Gewohnheit als einen Fehler heraus. Gerade das, was beim menschlichen Alt so imposant und sympathisch wirkt, jene grosse Fülle des Tones, hat die bisher gebräuchliche Altgeige nicht aufzuweisen; sie ist, abgesehen von ihrem Klangcharakter, nicht im Stande, allen dynamischen Ansprüchen zu genügen. Dasselbe, was von dem vollkommenen Klaviere, wie es sich in den herrlichen Concertflügeln unserer Tage darstellt, gilt, gilt auch von der Viola alta. Die Tonstärke derselben kann nach Bedürfniss bis auf die Tonschwäche der bisherigen Bratsche und weiter bis fast in's Unhörbare verringert werden, dagegen ist es unmöglich, die Tonschwäche der bisherigen Alt-Viola bis zur Tonstärke der neuen Viola alta zu entfalten.

* * *

Die bisherige Altgeige war und ist nicht zweckmässig zum Solospiele; wohl hat sie bestanden und besteht noch — nach dem Gesetze der Trägheit der Menschen, welche jede Einrichtung länger bestehen lässt als ihre Zweckmässigkeit.

* * *

Die rechte Nervosität, der Glaube an das Instrument und sein Ausdrucksvermögen, das Bedürfniss, etwas auf demselben und durch dasselbe sagen zu müssen, sowie ein wenig Geschicklichkeit sind die alleinigen Faktoren zur Ausübung eines musikalischen Organes. Also auch auf der Viola alta! Mit dem Violinspiele und seiner Technik hat die Viola alta viel im Fingersatze gemein. Während auf der Violine das in einer Lage befindliche mit liegenbleibender Hand gespielt wird, muss auf der Viola alta dagegen bei analogen Stellen die linke Hand eine grössere Beweglichkeit entfalten. Es ist daher die Beweglichkeit des Handgelenkes der linken Hand sehr auszubilden.

* * *

In meiner Viola alta habe ich erreicht, was mir als Knabe in dunkler Ahnung vorschwebte und was zu erstreben als Jüngling meine Gedanken nicht ruhen liess. Ich erreichte, was ich erstrebte. — Wie bald aber sah ich mich mit meinem Instrumente in den schwierigsten Umständen dem verletzenden Spotte vieler Musiker ausgesetzt, wie oft schien mein Streben auf diesem Gebiete dem Hohne anheimgefallen. Hätte ich nicht den Glauben an mein Instrument und die zuversichtliche Hoffnung auf den Erfolg meines Strebens gehabt, verbürgt durch das herrliche Ausdrucksvermögen der Viola alta, ich wäre sicherlich nicht weit gekommen.

* * *

Man fragte mich oft, ob denn meine Viola alta im Streichquartett nicht zu stark klinge. Meine Antwort war: Ja, wenn man sie zu stark spielt!

* * *

Den Spieler meiner Viola alta denke ich mir nicht als Virtuosen im gewöhnlichen Sinne. Weder blendender Flimmer rapider Passagen noch raffinirt ersonnene und verblüffend wirkende Schwierigkeiten seien die Hauptfaktoren seiner Vortragskunst, sondern der in Wohllaut getränkte, im piano wie im forte volltönende Gesang. Nicht soll der Spieler eine Vortragsweise ausüben, durch welche er das Staunen der Menge erregt, noch soll er durch dieselbe ein grosses Publikum in unbändige Aufregung versetzen; dagegen mögen eine gewisse Andächtigkeit und Gemüthsbefriedigung die Wirkungen sein, welche der Spieler mit meiner Viola alta in der grossen Zuhörermenge hervorruft. Neben diesen Eigenschaften kann seinem Spiele doch noch eine grosse Kühnheit und Sicherheit in der Technik eigen sein, soweit sie die Grenzen der Viola alta nicht überschreitet. Immer aber möge sein Spiel als der Ausfluss einer tief und edel empfindenden Seele sein.

* * *

Man verlange nicht von Streichinstrumenten Dinge, die sie nicht zu leisten vermögen und die ihrem Wesen widersprechen. Freilich kann man nicht immer in der Mitteltonlage eines Streichinstrumentes spielen. Aber als Zeichen von Ueberreiztheit und Blasirtheit muss z. B. die Verwendung von schnellen Passagen in der Tiefe und allzugrossen Höhe des Violoncello angesehen werden, insofern sie nicht zu einem speciell charakteristischen Ausdrucke absolut nothwendig sind. Niedergeschrieben sind solche Dinge leichter und mit mehr Behagen, als sie oft dem Spieler und Zuhörer bereiten. Wohl können solche Absurditäten noch den Spieler interessiren, indem ihn die glückliche Ueberwindung derselben in ein gewisses Wohlbefinden versetzt. Ob der Hörer aber bei solchem Gegurgel und Gepfeife dasselbe Wohlbefinden hat, ist eine andere Frage. Was der Violine ziemt, ziemt in gleichem Maasse nicht den anderen Bogeninstrumenten und umgekehrt.

* * *

Wie gross die Beschränktheit und die Macht der Gewohnheit gepaart mit Indifferentismus bei Menschen ist, habe ich hinlänglich genug durch meine Viola alta oder Altgeige zu beobachten Gelegenheit gehabt. Dass ich selber dieses neuregenerirte Streichinstrument spiele und dadurch seine Spielbarkeit und Ausdrucksfähigkeit beweise, sowie alle Erfolge mit demselben reichen noch nicht aus, die meisten Musiker der Altviola von der Bedeutung und Ueberlegenheit dieses neuen Instrumentes dem bisherigen gegenüber zu überzeugen.

* * *

Die Absicht, den Musikern der Altviola ein bedeutend erweitertes Ausdrucksmittel hinzustellen, ist mir oft von Seiten Vieler dieses Instrumentes mit Neid, Missgunst, Hohn und Spott gedankt worden. Warum that dies nie die grosse Menge — das Publikum, vor dem ich so oft auf meiner Viola alta gesungen habe? Warum thaten dies nicht meine Schüler, die geradezu mit einem gewissen Fanatismus diesem neuregenerirten Streichinstrumente anhingen? Es wird eine Zeit kommen, wo junge energische und für Musik begabte Männer das Instrument zum ausgiebigsten Gebrauche ihrer musikalischen Empfindungen machen werden und wo sich Neid, Missgunst und Falschheit, die man mir entgegentrug, in Freude, Dank und Gewogenheit für die betreffenden Künstler umwandeln wird.

* * *

Oberflächliche und unzulängliche Einsicht war dem Aufkommen der Viola alta schon sehr hinderlich. Wer glaubt, das Spiel der Viola alta mit dem der Violine vereinigen oder ohne Mühe von der Violine auf die Viola alta übergehen zu können, täuscht sich gewaltig. Meistens musste ich erfahren, dass Violinspieler, die ja im Grunde gar nichts mit meiner Altgeige zu schaffen haben, missgünstig über dieselbe urtheilten; denn weil sich die Viola alta nicht sofort spielt, wie eine Violine, meinen sie, sagen und behaupten zu dürfen, das neue Instrument sei nichts werth und tauge nichts, ohne zu bedenken, dass die Altgeige eben eine grosse Schultergeige ist, und als solche auch einen eigenen Spieler, der sich ganz und ausschliesslich mit ihr allein beschäftigen muss, beansprucht. Der ganze Körper muss sich ebenso an die Haltung des neuen Instrumentes gewöhnen, wie es im Anfange beim Violinspiele nöthig ist.

* * *

Die Viola alta ist das Resultat einer natürlichen Schlussfolgerung von der Viola soprana — also der Soprangeige (soprana heisst u. A. im Italienischen die E-Saite der Violine) auf die ihrer Tonlage nach eine Quinte tiefer stehenden Altgeige. Beide Streichinstrumente gleicher Form verhalten sich auf Grund ihrer Tonlage wie Sopran- und Altstimme zu einander. Dass nun die Viola alta oder Altgeige nothwendiger Weise eine grosse Schultergeige werden musste und zwar um ein Bestimmtes grösser in allen Dimensionen als bei der Violine der Fall ist, müsste ohne langes Zweifeln und Nachdenken klar werden. Die im Tone verbesserte Altgeige entstand aus meinem tief inneren Bedürfnisse, ein wahres und rechtes Gesangsinstrument der Alttonlage zu besitzen, da ich ein solches mit der gewünschten Energie in Bezug auf Tongebung selbst unter den besten der bisherigen Bratschen oder Altviolen nicht vorfand. Je mehr ich mich nun mit meiner Altgeige beschäftigte, je mehr ich bemüht bin, eine Litteratur für dieselbe zu sammeln und zu begründen, desto mehr reifen in mir die Gedanken über das eigentliche Wesen der Viola alta und über die Grenzen ihres Ausdrucksvermögens. Die Viola alta ist und bleibt ein Gesangsinstrument. Gerade in der Kundgebung eines getragenen Gesanges sowie einer gesanglichen Passage oder Coloratur zeigt die Viola alta ihr wahres Wesen und es ist daher der Beruf des Ausübenden dieses Instrumentes, diese Dinge gründlich zu üben. Alle Factoren, welche auf einem Geigeninstrumente in Anwendung kommen, wie gleichmässige Vertheilung der Bogenlänge, der Wechsel des Bogens an beiden Enden desselben, die dynamischen Grade des Tones u. s. w. müssen gerade bei der Viola alta zum eingehendsten Studium gemacht werden, weil eben der Schwerpunkt ihres Wesens im Gesange liegt. Es ist deshalb ein Vorwurf weder dem Instrumente noch dem auf diesem Instrumente geübten Spieler zu machen, wenn der pathetische Stil und die durch diesen bedungene Gesangsweise die Domäne beider sein wird und bleiben muss. Gerade hierin liegt die Eigenthümlichkeit dieses Instrumentes und es hiesse das eigentliche Wesen dieses Instrumentes verkennen und seine Vorzüge missachten.

* * *

Ueber die Anschaffung einer rechtmässigen Ritter'schen Viola alta. In der Absicht eine bedeutende Tonverbesserung der bisherigen Bratsche zu erlangen, liess ich im Jahre 1875 nach meiner Idee und meiner durch Zeichnung dargelegten Maassangabe ein Streichinstrument bauen, welchem ich den Namen Viola alta (Altgeige) verlieh. Ich sah in diesem Instrumente die angestrebte Verbesserung verwirklicht, ich sah durch dasselbe sogar den Grund gelegt zu einer Regeneration des schlechthin „Viola" oder „Bratsche" genannten Instrumentes. Im Jahre 1876 trat ich nun mit meiner Viola alta oder Altgeige vor das Forum der Oeffentlichkeit, führte das Streichinstrument persönlich als selbstständiges Ausdrucksmittel (als Soloinstrument), sowie in Kammermusikwerken und im Orchester vor. Ich legte meine Bestrebungen in Bezug der Herstellung einer richtigen Altgeige in mancherlei Schriftstücken nieder, veröffentlichte eine Schule für die Viola alta und erzog Schüler für dieselbe. Das Interesse für die neue Viola alta wuchs mehr und mehr, besonders hervorgebracht durch die Aufmerksamkeit, welche Männer wie R. Wagner, Fr. Liszt und H. v. Bülow dem Instrumente schenkten. Es währte auch nicht lange, so war der erste Verfertiger meiner Viola alta in Würzburg nicht mehr der einzige Verfertiger, da Instrumentenmacher aller Orten die Altgeige meiner Idee copirten und in allen Qualitäten herstellten. Ich begrüsste die Herstellung meiner Viola alta auch ausserhalb Würzburgs mit Freuden und vergass darüber das Achselzucken und die Geringschätzung, ja sogar den Spott und die Gehässigkeit, die man mir beim Erscheinen meiner Viola alta vielfach entgegenbrachte. Das Concertiren und der Lehrberuf mit meiner Viola alta wirkten endlich so bestimmend auf mich ein, dass das Schalten und Walten für dieses Streichinstrument meine eigentliche Lebensaufgabe geworden ist. — Leider kamen mir im Laufe der Zeit häufig Unzufriedenheiten über Altgeigen, welche meinen Namen tragen und nach meiner Maassangabe gebaut sein sollen, zu Gehör, auch musste ich schmerzlichst erblicken, wie durch eine Corrumpirung des Baues (durch Verkleinerung des Resonanzkastens und Verkürzung der Saitenlänge) das von mir angestrebte Ziel in Bezug auf Tonverbesserung der Altgeige entschieden gefährdet war, wenn nicht energisches Einschreiten gegen solches Unwesen stattfinden würde. Ich sah mich daher veranlasst, da meine Altgeige eine grössere Verbreitung zu gewinnen anfängt, selbst die Controle der Herausgabe guter und rechtmässig gebauter Altgeigen meines Systemes, so weit es mir möglich ist, zu leiten, um dadurch den Interessenten, denen es um den Besitz einer wirklichen im Tone verbesserten Viola alta zu thun ist, eine Garantie für die Aechtheit zu bieten. Als ich vor Jahren meine Idee betreffs der Regeneration der Altgeige der Oeffentlichkeit preisgab, in der festen Absicht, der Tonkunst einen Dienst zu leisten, ahnte ich nicht, dass es Jemandem einfallen würde, die Form meiner Viola alta zu corrumpiren, zu verkleinern, um etwaigen unfähigen Spielern durch Vorspiegelung einer grösseren Bequemlichkeit Concessionen zu machen. Diese angebliche Bequemlichkeit ist doch nur eine scheinbare und zwar auf Kosten des Tones. Ich ersuche nun jeden Interessenten meiner Sache — ob Künstler oder Dilettant — wenn derselbe in den Besitz einer guten und rechtmässig gebauten Viola alta gelangen will, sich direct an meine Person zu wenden, denn nur dann, wenn das Instrument meine Signatur besitzt, hervorgebracht durch einen Brandstempel mit meinem Facsimile, ist es als von mir geprüft im Tone für gut und im Baue als rechtmässig befunden worden.

* * *

Es ist bekannt, dass in unseren Tagen die Massenfabrikation auch das Gebiet des Geigenbaues erobert hat. Maschinelle Vorrichtungen setzen den Menschen in den Stand, in gleicher Zeit, in welcher früher bei rein manueller Thätigkeit ein Geigenbauer eine Geige anfertigte, hunderte herzustellen. Diese Erscheinung gleicht dem Verfahren, Oelbilder durch Oeldruck zu vervielfältigen. Wie beim Oeldruckbild jedes Lebensvolle und Individuelle, was uns am Originale fesselte, geschwunden ist, so ist dies auch der Fall bei Geigen, die der Massen- und Schablonenfabrikation entsprungen sind. Geigen sind eben eine Art Lebewesen, die sich nicht wie Stiefeln über einen Leisten machen lassen. Der Preis für eine sogenannte Fabrikgeige ist zwar so enorm gering, dass die meisten Interessenten sich durch denselben gefangen nehmen lassen; jedoch die Güte des Instrumentes ist meistens ebenso gering und dem Preise vollständig adäquat. Eine Geige aus den Händen eines intelligenten Geigenbauers, der Tonsinn besitzt, ist zwar bedeutend höher im Preise als eine Massenfabrikationsgeige, aber dafür auch ein Instrument für's ganze Leben des Künstlers, eine treue Gefährtin zur eigenen wie zu anderer Menschen Freude. Die Massenfabrikationsgeigen sind und bleiben Proletarier unter den Geigeninstrumenten und sollten nie in den Händen eines wirklichen Musikers gefunden werden.

* * *

Ueber die Viola alta und deren Stil. Für ein Instrument schreiben, setzt voraus, dasselbe gründlich nach der Seite seines Ausdrucksvermögens zu kennen. Jedes Instrument ruft auf Grundlage seines Wesens, bedungen durch Tonlage, sowie durch die innerhalb derselben zu entfaltende Tonkundgebung und Technik, einen bestimmten Stil wach. Das Instrument ist der Stoff, mit welchem der Tonkünstler arbeitet, gleich wie der Plastiker, dem es nicht gleich sein darf, ob er in Holz, Marmor oder Erz schafft. Wie all' diesen Stoffen auf Grundlage ihres Wesens eine bestimmte Sphäre des Darzustellenden zuertheilt ist, so auch jedem einzelnen Musikinstrumente. Die Missachtung oder gar Vernichtung des Stoffes zieht Unschönheit nach sich. Sehr häufig begegnet es uns heute, dass Componisten sich kaum um das Material, welches ihnen zum musikalischen Ausdrucke zur Verfügung steht, kümmern. Es wird eben einfach für dieses oder jenes Instrument d'rauf los geschrieben. Besonders ist dies in unserer Zeit, die durch das Klavier beherrscht wird, der Fall. Wer vom Klaviere aus für ein anderes Instrument schreibt, begiebt sich in die Gefahr, Stilfehler zu begehen. Was für das Klavier schön klingt und passend ist, ist dieses noch nicht für ein anderes Instrument. Wie oft sehen wir bei Instrumentalcompositionen das Schwierige über das Schöne und Stilgemässe gestellt! Wir leben in einer Zeit, in welcher es ein Instrumentalist an Schwierigkeit der Ausübung dem Anderen gleichzuthun oder wenn möglich zu überbieten sucht. Eine Vergewaltigung der Technik ist die Folge. Zwar glänzt die Technik, aber die Schönheit und der wahre Stil des betreffenden Instrumentes gehen verloren. Was eine Flöte, Clarinette oder auch Violine an technischer Fertigkeit zu leisten vermögen, ist für die Viola alta schlecht möglich und umgekehrt. „Schlecht möglich" sagen wir; denn wie vieles eigentlich Unmögliche für dieses oder jenes Instrument muss heutzutage möglich gemacht werden —

aber Unmöglichkeiten möglich zu machen, wirkt auf unserem Instrumente stets hässlich. Die sorgsamste Ausführung bringt immer ein wenig schönes Werk hervor. Man frage sich nur, was weiser ist: „Seine Kraft an der Ueberwindung von Schwierigkeiten verschwenden, in der man doch bei der grössten Mühe Nebenbuhlern auf anderen Instrumenten nachstehen muss, oder seine Kraft auf das richten, worin man mit seinem Instrumente unübertrefflich als einzig dastehen kann. Das Schöne schaffen sei bei dem Viola alta-Spieler die Parole. Die Technik, soweit sie dem Schönen dient und soweit sie aus dem Wesen der Viola alta erwächst, ist nothwendig zu erlernen; die technische Fertigkeit aber als Zielscheibe der Bewunderung hinzustellen, ist barock und des Sängers der Altgeige unwürdig. Der Stil der Viola alta ist der des „bel canto".

Hermann Ritter.

Anhang II.

Hauptsächlichste Musik-Litteratur für die Viola alta (Altgeige).

Anmerkung: Es ist nicht die Absicht, in Nachstehendem einen Führer durch die Altgeigen-Litteratur zu geben, wie dies z. B. in A. Tottmann's vortrefflichem „Führer durch die Violin-Litteratur" der Fall ist. Hier soll nur beiläufig Alles für Viola alta existirende zur Kenntniss gebracht werden.

Studienwerke und Schulen.

Hermann Ritter. Das Studium der Viola alta (Violaschule). 2 Theile.

B. Bruni. Méthode de l'Alto. Suivie de 25 Etudes.

L. Firket. Méthode pratique pour Alto.

B. Brähmig. Violaschule.

R. Hofmann. Violaschule. 2 Theile.

H. E. Kayser. Schule für Bratsche.

H. E. Kayser, op. 43. 36 Etüden.

H. E. Kayser, op. 55. 24 Studien, 2 Hefte.

H. E. Kayser-Kreutzer. 40 Etüden.

Ernst Fritsche. Orchesterstudien für Viola alta. 3 Theile.

L. Göring, op. 3. Sechs Etüden.

F. A. Hofmeister. 2 Hefte Etüden.

B. Campagnoli, op. 22. 30 Capricen. Rev. Ausgabe von Fr. Hermann.

Fr. Hermann, op. 18. Sechs Concertstudien.
R. Hofmann, Kreutzer-Etüden. 2 Hefte.

Concerte, Concertfantasien, Concertstücke, Fantasien und andere Stücke für die Altgeige mit Pianoforte oder Orchester.

F. David, op. 12. Concertino.
V. Gährich, op. 2. Concertino.
Th. Täglichsbeck, op. 49. Concertstück.
Rüdiger, op. 1. Concert.
L. Firket. Concertstück.
H. Ritter. Concertfantasie No. 1.
H. Ritter. Concertfantasie No. 2.
H. Ritter. Italienische Suite.
    (Barcarole, Elegie, Tarantella).
L. Wallner. Fantaisie de Concert.
C. M. Kudelski, op. 27. Concertstück.
G. F. Händel. Concert. (Nach dem Oboe-Concert.)
W. A. Mozart. Concert. (Nach dem Oboe-Concert.)
J. S. Bach. 12 Präludien (2 Hefte), arr. von Bräunlich.
W. A. Mozart. Drei Tonstücke, bearbeitet von Schletterer und Werner.
    a) Adagio aus der Serenade in Es.
    b) Andante aus der Serenade in C-moll.
    c) Andante grazioso aus dem 2. Divertimento.
L. v. Beethoven. 9 Tonstücke, bearb. von H. M. Schletterer.
L. v. Beethoven, op. 40. Romanze, bearb. von H. E. Kayser.
L. v. Beethoven, op. 50. Romanze, bearb. von H. E. Kayser.
L. v. Beethoven, op. 135. III^{ter} Satz (Beethovens Schwanengesang), bearb. von H. Ritter.
G. Tartini. Cantabile et Allegro assai de la 8ième Sonate (transcr. par L. Firket).
P. Rode, op. 10. Air varié (bearb. von H. Ritter).
F. Mazas, op. 73. Elegie.
F. Mazas, op. 92. Le songe.
L. Maurer, op. 85. Divertimento mit Pianoforte- oder Quintettbegleitung.

J. W. Kalliwoda, op. 204. Fantasie.
F. Manns, op. 31. Romanze mit Pianoforte od. Orchester.
Berlyn, Nocturne mit Orchester.
G. Goltermann, op. 35. Romanze, Mazurka Caprice, Adagio und Tarantella.
G. Goltermann, op. 41. Intermezzo, Ballade und Mazurka.
G. Goltermann, op. 42. Deutsche Tänze.
G. Goltermann, op. 56. Andante religioso mit Pianoforte oder Harm.
Hübschmann, Variationen mit Orchester.
Hundt, Traumgestalten mit Pianoforte. (2 Hefte.)
Kegel, Nocturne mit Orchester.
Fr. Kiel, op. 9. Vier Melodien mit Pfte.
Fr. Kiel, op. 69. Drei Romanzen mit Pfte.
Rummel, Variationen mit Pfte.
Rob. Schumann, op. 113. Märchenbilder.
Jos. Joachim, op. 9. Hebräische Melodien.
Jos. Joachim, op. 10. Variationen über ein eigenes Thema.
H. Vieuxtemps, op. 30. Elegie (F-moll).
H. Vieuxtemps. La Nuit. Transcription aus der Ode „le desert" Fel. David's.
C. Reinecke, op. 43. Drei Fantasiestücke.
C. Reinecke. Entr'act aus „Manfred" übertragen von Fr. Hermann.
L. Jansa, op. 84. Cantilène.
Th. Forchhammer, op. 5. Ständchen.
A. Rubinstein, op. 11. Trois Morceaux de Salon.
Th. H. Verhey, op. 3. Vier Charakterstücke.
Ramsoe, Romanze. (Kopenhagen.)
E. Naumann, op. 5. Drei Fantasiestücke.
L. Jungmann, op. 9. Intermezzo.
Th. Gouvy. Sérénade vénitienne.
J. Hunke. Elegie. (Petersburg.)
A. Bessems, op. 25. Souvenirs élégiaques.
S. Lee, op. 75. Sous le balcon. Sérénade.
A. Maczewski, op. 3. Sechs Stücke mit Pfte.

Fr. Herrmann, op. 1. Andante, Scherzo, Romanze und Mazurka.

Fr. Herrmann, op. 15. Sechs Stücke mit Pfte.

A. Schmitt, op. 106. Cantabile.

H. Vogel. Trois Morceaux. (Romance sans parole, L'Angelus, l'Elégie.)

N. Paganini, Moto perpetuo (transcr. von H. Ritter).

H. W. Ernst, op. 10. Elegie (transcr. von H. Ritter).

Fr. Chopin, op. 9 No. 2. Nocturne (transcr. von H. Ritter).

F. Mendelssohn, Lied ohne Worte (transc. von H. Ritter).

F. Mendelssohn, Frühlingslied. (transc. von H. Ritter).

L. v. Beethoven, Andante cantabile a. d. Sonate pathétique (transc. von H. Ritter).

Fr. Schubert, Wiegenlied (Berceuse) (transc. von H. Ritter).

Fr. Schubert, op. 90. Impromptu (G-dur) (transc. von H. Ritter).

J. Raff, op. 85, Nr. 3. Cavatine (transc. von H. Ritter).

Ch. Davidoff, op. 23. Romanze (transc. von H. Ritter).

R. Schumann, Nordisches Lied (transc. von H. Ritter).

R. Schumann, Träumerei (transc. von H. Ritter).

R. Schumann, Abendlied (transc. von H. Ritter).

Russische Melodie (bearbeitet von H. Ritter).

F. Liszt, Romanze oubliée mit Pfte. (H. Ritter gewidmet.)

Fr. Chopin, Sechs auserwählte Stücke. (Uebertragen von F. Rehfeld und Th. Rehbaum.)

Dominik, op. 20. Drei Charakterstücke mit Pfte. (Schattenspiel, Spinnerlied, Märchen.)

Halberstadt, Elegie.

A. Hänsel, Gesangscene (Fantasie über Wagner's Tannhäuser).

M. Hauser, op. 37. Vier Lieder ohne Worte. (Ausg. für Viola und Pfte.)

Mendelssohn-Bartholdy, Canzonetta aus dem Es-dur-Quartett. Transc.

H. Schläger, op. 72. Nachtstück.

Fr. Kücken, op. 70. Am Chiemsee. Drei Tonstücke.
 (Sommerabend. Auf dem Wasser. Kirmess.)
J. Labitzky, op. 286. Adieu. Romance sans paroles.
L. A. le Beau, op. 26. Drei Stücke. (Nachtstück, Träumerei, Polonaise.)
R. Hofmann, op. 45. Rêverie.
W. Hill, op. 18. Notturno, Scherzo und Romanze.
E. Kretschmer, op. 26, Nr. 6. Abendruhe. (Aus den musikal. Dorfgeschichten transc.)
F. Ries, op. 27. Romanze. (Aus der II. Violinsuite transc.)
B. v. Hunyadi, Bearbeitung von Schumann's Jugendalbum op. 68 für Viola und Pfte.
L. Schubert, op. 34. Der Hirt vom Berge. (Schwed. Volkslied.)
Ch. Koch, op. 40. Bolero en forme de Rondeau.
Ambr. Thomas, Souvenir.
L. Göring, Zwei Stücke: Impromptu und Romanze.
F. Schubert, Adagio aus der nachgelassenen Sonate für Arpeggione bearbeitet von F. Böckmann.
J. V. Müller, op. 9. Abend-Andacht. Adagio mit Pfte. oder Harm. oder Orgel.
W. Rank, op. 15. Ave Maria. Solostück mit Begl. von Streichquintett.
R. Wagner, Lied an den Abendstern aus „Tannhäuser" (transc. von H. Ritter).
R. Wagner, Siegmunds Liebesgesang aus der „Walküre" (transc. von H. Ritter).
R. Wagner, Zweites Albumblatt (bearb. von H. Ritter).
H. Ritter, Melodie. (Nr. 6 des Repertorium für die Viola alta.)
H. Ritter, op. 7. Elfengesang.
H. Ritter, op. 9. Schlummerlied mit Pfte. oder Streichquintett.
H. Ritter, op. 17. Jagdstück.
H. Ritter, op. 27. Auf den Wellen. (Barcarole.) Nr. 16 des Repertorium für die Viola alta.
H. Ritter, op. 28. Spinnerlied.

Hermann Ritter's Compositionen für die Viola alta (Altgeige) mit Pianoforte oder Orchester.

1) Zwei Stücke:
   1) Pastorale und Gavotte.
   2) Im Traume.
2) Nach slavischen Eindrücken:
   1) Elegie (G-moll).
   2) Introduction und Mazurka.
3) Erinnerung an Schottland.
   Fantasie mit Benützung altschottischer Weisen.
4) Concertfantasie Nr. I.
5) Concertfantasie Nr. II.
6) Italienische Suite.
   (Barcarole, Elegie, Tarantelle.)

Hermann Ritter's Repertorium für die Viola alta (Altgeige) mit Pianoforte.

Nr. 1. *A. Stradella*, Aria di chiesa.
 „ 2. *J. M. Leclair*, Largo.
 „ 3. *W. A. Mozart*, Larghetto.
 „ 4. *Fr. Schubert*, Moment musical.
 „ 5. *F. Mendessohn*, Lied ohne Worte.
 „ 6. *H. Ritter*, Melodie.
 „ 7. La Romanesca (Tanz aus dem XVI. Jahrh.).
 „ 8. *F. G. Händel*, Arie aus »Rinaldo«.
 „ 9. *J. S. Bach*, Largo.
 „ 10. *A. Lotti*, Arie.
 „ 11. *W. A. Mozart*, Sonate in E-moll.
 „ 12. *W. A. Mozart*, Ave verum.
 „ 13. *L. v. Beethoven*, Larghetto (a. d. Violinconcert).
 „ 14. *Fr. Schubert*, Ave Maria.
 „ 15. *M. Glinka*, Russisches Lied.
 „ 16. *H. Ritter*, Auf den Wellen. (Barcarole.)
 „ 17. *G. B. Martini*, Gavotte.

Nr. 18. *G. B. Pergolese*, Romanze. (Tre giorni.)
„ 19. *W. A. Mozart*, Andante. (F-dur.)
„ 20. *W. A. Mozart*, Andantino. (Es-dur.)
„ 21. *J. Field*, Nocturne.
„ 22. *J. S. Bach*, Arie aus der D-dur-Suite.

Duos, Suiten, Sonaten für Viola alta und Pianoforte.

Joh. Seb. Bach, Suite. (Zusammengestellt von H. Ritter.)
W. A. Mozart, Sonate. (E-moll.) Nr. 11 des Repertorium für die Viola alta.
Pietro Nardini, Sonate. (Ausgabe von Zellner, Wien.)
L. v. Beethoven, op. 42. Notturno. (Vom Comp. selbst nach dem Streichtrio in D. bearbeitet.)
L. v. Beethoven, op. 20. Septuor. (Arr. von Herrmann.)
W. A. Mozart, op. 108. Clarinettenquintett. (Arr. von Vieuxtemps.)
C. M. v. Weber, op. 48. Grosses Duo.
G. Onslow, op. 16. Drei Sonaten.
H. Berlioz, op. 16. Harold en Italie. (Symphonie en quatre parties avec un Alto principal. Partition de Piano avec Alto par F. Liszt.)
A. F. Wustrow, op. 7. Duo concertant.
C. Reinecke, op. 42. Sonate.
F. Mendelssohn-Bartholdy, Adieu à Berlin. Duo concertant.
A. Rubinstein, op. 49. Sonate.
R. Hofmann, op. 46. Sonantine. (Für angehende Spieler.)
E. Naumann, op. 1. Sonate.
L. Normann, op. 32. Sonate.
O. Müller, op. 11. Grosses Duo.
H. Vieuxtemps, op. 36. Sonate.
Fr. Kiel, op. 67. Sonate.
G. Rebling, op. 22. Sonate.
G. Goltermann, op. 15. Duo.
G. Goltermann, op. 61. Sonatine.
Matthison-Hansen, op. 16. Sonate in F-dur.

Carl Hess, op 6. Sonate.
M. Meyer-Olbersleben, op. 14.
R. Schumann, op. 70. Adagio und Allegro.

Duos für Violine und Viola alta.

Stamitz, Grand Duo.
B. Bruni, op. 25. 3 Duos concertants.
B. Bruni, Six Duos concertants.
P. Haensel, op. 26. 3 Duos.
J. Haydn, op. 93. 3 Sonaten.
L. Jansa, op. 70. 6 Duos.
J. W. Kalliwoda, op. 208. 2 Duos.
H. E. Kayser, op. 27. Duo concert.
W. A. Mozart, 2 Duos.
A. Rolla, op. 6. 3 Divertimenti.
A. Rolla, op. 9. Duetto.
G. A. Schneider, op. 23. 3 Duos concert.
L. Spohr, op. 13. Grand Duo.
J. S. Bach. 15 Duetten. Nach den zweistimmigen Inventionen bearb. von F. David.
J. S. Bach. Duette. Nach den Duetten für Klavier bearb. von F. David.
Fiorillo, 6 Sonaten.
Graf, 6 Duos.
F. A. Hofmeister, 6 Duos.
Mosel, 6 Variationen und Fantasien.
Pleyel, op. 48. 6 Sonaten.
Pleyel, op. 69. 3 grands Duos.
Simrock, 3 Duos.
Spengel, 3 Duos.
Westenholz, 3 Duos.
J. M. Leclair, Sonate, bearb. von F. David.
Kaczkowski, op. 14. Duo.
Tasistro, Duo.
B. Blake, 6 Duos.

Duo für Violoncello solo und Viola.

Lolli, Variationen.

Duos für Violine und Viola alta mit Beglt. des Pfte. resp. Orch.

Oertel, Fantasie für Violine und Altviola mit Quintettbegleitung.
W. A. Mozart, op. 104. Sinfonie concertante für Violine und Altviola mit Begleitung des Orch. oder Pfte.
H. Vieuxtemps, op. 39. Duo brillant pour Violon et Alto avec accomp. de Piano ou l'Orch.
Glinka-Hermann, Drei russische Lieder für Violine und Viola alta mit Begleitung des Pfte.

Trios mit Viola alta.

a) Streichtrios für zwei Violinen mit Viola alta.

J. S. Bach, Terzette für 2 Violinen und Viola. (Nach den Symphonien für Klavier.)
L. v. Beethoven, op. 55. Trio für 2 Violinen und Viola.
B. Bruni, op. 36. La petite Conversation. 6 Trios für 2 Violinen und Altviola.
F. Mazas, op. 18. 3 Trios für 2 Violinen und Viola.
F. Manns, op. 15. Trio für 2 Violinen und Viola.
F. Manns, op. 16. 3 Trios (in der ersten Lage) für 2 Violinen und Altviola.
F. Manns, op. 7. Serenade für 2 Violinen und Altviola.
M. Schön, op. 57. Drei kleine Fantasiestücke für 2 Violinen und Altviola.

b) Trios für Flöte, Violine und Viola alta.

L. v. Beethoven, op. 25 in D. Serenade.
L. Jungmann, op. 21. Suite.

c) Klaviertrios.

Casp. Kummer, op. 75. Trio für Flöte, Viola und Klavier.
Ferd. Manns, op. 14. Andante religioso für Violine, Viola und Pfte. (Orgel oder Harmonium).

J. Lachner, op. 37, 45, 58 und 89. Trios für Violine, Viola und Pfte.
W. A. Mozart, Trio in Es-dur für Clarinette (Violine), Viola und Pfte.
A. Lindblad, op. 10. Trio für Violine, Viola und Pfte.
Rob. Schumann, op. 132. Vier Märchenerzählungen für Clarinette (Violine), Altviola und Pfte.
Klughardt, op. 28. Schilflieder. 5 Fantasiestücke für Pfte., Oboe (Violine) und Viola.
F. Manns, op. 26. 3 Trios für Pfte., Violine und Viola,
R. Volkmann, op. 76. Schlummerlied für Viola, Violoncello und Pfte.
L. v. Beethoven, op. 81. Sextett. Bearbeitet als Trio für Pfte., Viola und Violoncello von E. Naumann.
E. Naumann, op. 9. Trio für Pfte., Violine und Viola.
E. Hartmann, Serenade für Viola, Violoncello und Klavier.
Theob. Rehbaum, Trio-Suite für Violine, Viola und Pfte.
Theophil Forchhammer, Trio für Violine, Viola alta und Pfte.

d) Trio-Concert.

W. A. Mozart, Sinfonie concertante (Tripel-Concert) für Violine, Altviola und Violoncello mit Orchester, herausgegeben von O. Bach. Wien, C. A. Spina.

e) Streichtrio für Violine, Viola und Violoncello.

W. A. Mozart, op. 2. 3 Trios.
W. A. Mozart, op. 19. Divertimento.
L. v. Beethoven, 5 Trios.
K. J. Bischoff, op. 5.
A. Bessems, op. 90.
Cambini, op. 2. 3 Trios.
Dotzauer, op. 52.
Leder, op. 10.
G. Lickl, op. 17. 3 Trios.
P. Lindpaintner, op. 52, 3 Trios.

W. A. Mozart, Trio. (Arr. nach einer Klaviersonate von Uber.)
Ossaus, Grosses Trio.
Pleyel, op. 11. 3 Trios.
J. G. H. Voigt, op. 18.
G. Weber, op. 26.
Fr. Hermann, op. 25. Terzinen.
C. G. P. Grädener, op. 48.

Quartett für vier Violen.

Max v. Weinzierl, op. 34.

Gesänge für eine Singstimme mit obligater Altgeige.

J. S. Bach, Arie „Mein gläubiges Herze".
G. Meyerbeer, Scene und Romanze aus der Oper „Die Hugenotten".
C. M. v. Weber, Arie des Aennchen „Einst träumte u. s. w." aus „Freischütz".
A. Dargomischki, Lied für eine Singstimme mit obligat. Viola alta und Pfte.: „Sie naht" (St. Petersburg).
E. Lassen, op. 46, Nr. 4. Die Waldbrüder. Lied für eine Singstimme mit Pfte. und obligat. Viola alta.
H. Zopff, op. 27. Sechs religiöse Gesänge für eine Singstimme mit Violine, Viola alta und Orgel.
J. Brahms, op. 91. Zwei Lieder für eine Altstimme mit Altviola und Pfte.

Nachtrag.

Viola-Litteratur, dem Handbuche der Musikalischen Litteratur von C. F. Whistling, 1828, entnommen:

W. A. Mozart, Concerto de Clar. op. 105. (Für Viola arr.) André, Offenbach.
G. A. Schneider, op. 19. 6 Solis für Viola. Leipzig, Breitkopf und Härtel.

Amon, op. 10. Ier Concerto. Paris, Pleyel.
Dotzauer, op. 89. Concertino. Bonn, Simrock.
Giornovichi, Ier Concerto pour Viola in D. (arr. v. Breval). Paris, Janet.
Guénin, op. 14. Ier Concerto (D). Paris, Sieber.
Hummel, op. 94. Potpourri. Leipzig, Peters.
Küffner, op. 57. Potpourri in D. Offenbach, André.
Küffner, op. 139. Concerto. Mainz, Schott.
Pleyel, Concerto Nr. 1 in D. Paris, Janet. (Offenbach, André.)
Pleyel, op. 35. Sinfonie concertante pour Violon et Alto. Offenbach, André.
J. Reicha, op. 2. Concerto pour Viola (Es). Bonn, Simrock.
Al. Rolla, op. 3. 2 Sonates pour Viola avec Basse.
Al. Rolla. Ier Concerto (Es). Paris, Janet.
A. Rolla, op. 3. Concerto. Offenbach, André.
A. Rolla, Divertimento. Milano, Ricordi.
G. A. Schneider, op. 20. Concerto (B). Augsburg, Gombart.
G. A. Schneider, op. 18. 3 Sonaten für Viola mit Violine. Leipzig, Breitkopf und Härtel.
Stamitz, Concerto Nr. 4 (D.). Paris, Sieber.
J. G. H. Voigt, op. 11. Concerto (C). Offenbach, André.
B. Bruni, 3 Sonaten. Liv. 1 und 2. Paris, Sieber.
Hahn, Sonate für Viola mit Violine. Leipzig, Breitkopf und Härtel.
Lorenziti, op. 9. Sonates pour Viola. Paris, David.
Martin, Sonates pour Viola. Paris, Frey.
Martin, Méthode élémentaire d'Alto. Paris, Frey.
Woldemar, Méthode d'Alto. Paris, Sieber.
Cupis, Méthode de l'Alto. Paris, Janet.
Garaudé, Méthode de l'Alto. Paris, Sieber.

Anhang III.

Geometrische Regeln für den Geigenbau.
Von **Antonio Bagatella**.
Padua 1786.

Gegenwärtiges Werkchen ist die Uebersetzung einer im Jahr 1782 von der Akademie der Künste und Wissenschaften zu Padua gekrönten Preisschrift, und welche ebendaselbst im J. 1786 auf 3 Bogen in 4. mit 2 Kupfertafeln im Druck erschienen ist. Der Verfasser derselben, Antonio Bagatella, sagt in der Einleitung, dass er sich die Regeln, welche er in seiner Schrift aufstellt, aus eigener Erfahrung abstrahiret habe, und er selbst sowohl als auch die Herren von der Akademie versichern, dass diese Regeln an verschiedenen Geigen, theils neu von ihm verfertigten, theils alten, die er nach seinen Grundsätzen reparirt habe, sehr bewährt befunden worden wären, worüber die Zeugnisse der Besitzer dieser Geigen selbst angeführt worden sind. Schaum (der Uebersetzer) sagt:

Ich glaube daher keine unnütze Arbeit unternommen zu haben, wenn ich den deutschen Instrumentenmachern dieses Werk in unserer Muttersprache mittheile, besonders, da meines Wissens kein Werk vorhanden ist, welches ihnen über ihre Kunst so deutliche und hinreichende Lehren an die Hand gäbe, als eben dieses.

Forkel führt in seiner Allgemeinen Literat. der Musik S. 261 über den Bau der Violinen, Violen und

Violoncelle ausser diesem Werke des Bagatella nur noch zwei an, welche aber, sowohl nach dem Titel, als auch nach dem dort angegebenen Inhalte zu urtheilen, keineswegs von irgend einem Belang sind. Ausser diesem sind mir noch 2 Abhandlungen, die hierin einschlagen, vorgekommen, nämlich:
> Bemerkungen über die zweckmässige Einrichtung der Wirbel an der Violine etc. in der Leipz. Allgem. Musik-Zeitung III. 781,

und
> Ueber den mechanischen Bau der Violine von Schubert. Ebendaselbst. V, 769.

Allein auch die erste von diesen beiden Abhandlungen betrifft nur einen Neben-Umstand bei dem Violinen-Bau und die letzte derselben enthält zu wenig, als dass ein Violinen-Macher daraus Aufschlüsse über seine Kunst erhielte. Der Verf. versprach zwar S. 775 ein eigenes Schriftchen über die Theorie der Violine, worin er die Mittel angeben wollte, wodurch jeder Musiker sein Instrument, mit Beihülfe eines Instrumentenmachers oder Violinenreparateurs von seinen Fehlern befreien, und in den bestmöglichsten Zustand versetzen könne. Ich kann aber nicht sagen, ob der Verf. sein Versprechen schon erfüllt hat oder nicht. Indessen glaube ich immer nicht, dass meine Arbeit umsonst sein sollte, und gehe nun zu der Uebersetzung über.

Nachdem der Verfasser, wie schon oben gesagt, in der Einleitung weitläufig erzählt hat, wie er zu diesen Erfahrungen durch eine 30jährige Uebung gelangt sei (woran für den deutschen Leser nichts verloren ist, weshalb ich sie auch übergehe), so setzt er für den Bau des Corpus der Violinen, Bratschen und Bassgeigen, nach dem Verhältniss ihrer Grösse, folgende Regeln, als sicher und unumstösslich, fest.

Man ziehe eine Linie, so lang als man das Instrument haben will, und diese theile man in 72 gleiche

Theile. Diess ist der Grund zum ganzen Werke. Daher muss diese Eintheilung sehr genau und sorgfältig gemacht werden, indem hiervon alles abhängt. Durch diesen Diameter der ganzen Geige ziehe man horizontal 7 andre Linien (Taf. I Fig. 1), aber mit eben der Genauigkeit und Sorgfalt. Die erste dieser Linien muss durch den Punkt 14 gehen, die zweite durch den Punkt 20, die dritte durch den Punkt 25, die vierte durch den Punkt 33, die fünfte durch den Punkt 43, die sechste durch den Punkt 48, und die siebente durch den Punkt 57. Hierauf setze man den Zirkel in den Punkt X und beschreibe mit der Oeffnung von 9 Theilen aus dem genannten Mittelpunkte X zwei kleine Bogen A und B; alsdann macht man den Punkt 24 zum Centrum, öffnet den Zirkel bis zum Punkt X und beschreibt aus dem letztgewählten Centrum den Bogen AXB, dann trägt man aus dem Punkt 14 auf die hierdurchgehende Horizontal-Linie 2 Theile CC auf, nimmt diese zu Mittelpunkten an, aus welchen man mit der Oeffnung des Zirkels auf der einen Seite bis A, und auf der andern bis B, die beiden Bogen AD und BD macht, welche bis auf die durch den Punkt 20 gehende Horizontal-Linie reichen. So hat man den obern Theil des Instruments.

Ist dieses geschehen, so trägt man auf die durch den Punkt 33 laufende Horizontal-Linie die beiden Punkte EE, welche von dem Punkt 33 zehn und $1/2$ Theil entfernt sein müssen, und aus diesen beiden Punkten EE wieder in einer Weite von 15 Theilen zwei andre FF; welche alsdann die Mittelpunkte zu den zwei Halbzirkeln HEG werden, um auf diese Art den Aufriss zu dem mittleren Theile des Instruments zu erhalten.

Endlich beschreibt man aus dem letzten Punkt 72 mit einer Zirkelöffnung von 9 Theilen die beiden kleinen Bogen IK. Alsdann trägt man auf die den Punkt 57 durchschneidende Horizontal-Linie aus dem Punkte 57 selbst drei Theile nach LL und aus diesem ebenfalls noch drei Theile nach MM, bestimmt diese beiden letztern zu Mittelpunkten, und macht mit der Entfernung, auf der einen Seite von MK, und auf der andern von MI die Bogen NK und NI; hierauf macht man den Punkt L zum Centrum, eröffnet den Zirkel bis N und beschreibt mit dieser Oeffnung auf jeder Seite den Bogen NO. Endlich setzt man den Zirkel in den Punkt 40, macht ihn auf bis zum Punkt 72, und zieht den Bogen KYI. Alsdann ist der ganze Umriss vollendet; und diese Figur, auf ein Brett von hinlänglicher Dicke aufgezeichnet, giebt das Modell zum Instrumente ab.

Ein jeder weiss, dass an dem obern Theile, an welchem der Hals befestigt ist, ein Klotz angebracht wird, so wie ein anderer da, wo die Saiten befestigt werden, und noch viere dergleichen an den Seiten, wo die Spitzen befindlich sind, welche die Gestalt eines C bilden. Der obere Klotz muss 10 Theile breit und 4 dick sein; der untere aber kann eben so dick, aber nur 8 Theile breit sein. Von eben der Dicke und Breite als dieser untere müssen auch die vier übrigen sein, welche zwischen den Horizontal-Linien 20 bis 25, und 43 bis 48 angebracht werden.

Auf diese letztern vier Klötze werden mit gutem Leim die Zargen befestigt, von welchen es jetzo Zeit ist zu reden. Die Höhe derselben muss an dem untern Theile, wo die Saiten befestigt werden, $6\frac{1}{4}$ Theile, und nur 6 Theile an dem obern betragen, wo der Hals eingezapft wird. Sie müssen also von unten nach oben zu unmerklich abnehmen: dieses unmerkliche Abnehmen aber muss über das Ganze so regelmässig vertheilt sein, dass Boden und Decke genau befestigt werden können. So wie die Höhe der Zargen bei Violinen und Bratschen von $6\frac{1}{4}$ zu 6 Theilen abnehmen muss, so muss die Höhe derselben bei den Violoncells und Violons von 12 zu $11\frac{1}{4}$ Theilen nach und nach abnehmen.

Ist man mit dieser Arbeit fertig, so mache man

den Aufriss zu der Decke und dem Boden. Die Dicke der Bretter, welche hierzu dienen sollen, muss 4 Theile sein; doch bemerke man, dass man zu der Decke ein etwas stärkeres wähle, weil, da diese von zarterem Holze sein muss, sie im Arbeiten etwas weniges nachgiebt, und sich herunter zieht. Hat man solche zwei Bretter zubereitet, so nehme man ein anderes Brettchen (Taf. I Fig. 3) ungefähr zwei Finger breit, etwas dicker als ein Lineal, und so lang als der Aufriss, den man sich zum Instrument entworfen hat. Dieses theile man in zwei gleiche Theile, und bemerke die Mitte mit dem Punkt B, welcher von der Kante des Brettes 3 Theile absteht; verdreifache alsdann den Diameter des Instruments, woraus 216 Theile entstehen, öffne den Zirkel in diesem Zwischenraum, und beschreibe mit dieser Zirkel-Oeffnung auf die Länge des Brettes den Bogen ABC, so dass er durch den oben schon bemerkten Punkt B gehe. Hierauf schneide man das Brettchen nach der Bogen-Linie ABC aus, so hat man das Profil, um danach die äussere Erhabenheit der Decke und des Bodens auszuarbeiten, so wie sie zur Genauigkeit und zum Widerstande des auf sie wirkenden Druckes hinreichend ist.

Jetzt kommen wir zur Stellung der beiden f, wobei man folgendes zu beobachten hat. Ihre Länge muss 15 Theile haben und ihr Quer-Einschnitt auf ihre obere Hälfte fallen, und zwar auf die durch den Punkt 40 des Diameters gezogene Perpendicular-Linie. Die Entfernung des einen Einschnittes bis zum andern muss 15 Theile betragen, und die Breite eines jeden Einschnittes selbst $1\frac{1}{2}$ Theil. Nach oben zu fangen sie an in dem $32\frac{1}{2}$. Grad. Das Centrum der runden Löcher fällt von oben herab auf den 34. Grad, der Radius dieser Löcher sei 1 Theil und die Entfernung ihrer beiden Mittelpunkte 8 Theile. Nach unten zu kann das Centrum der runden Löcher, deren Radius 2 Theile haben muss, auf den Grad des Punktes $45\frac{1}{2}$ treffen, ihre Entfernung beträgt 22 Theile;

und fällt das Centrum auf den Grad des Punktes 47, so ende das ganze ⸝ doch auf den Grad des Punktes 47¹/₂.

Was den Hals betrifft, so merke man, dass das Maass seiner Länge nicht mehr und nicht weniger als 27 Theile haben muss, und dass man seinen Anfang von dem Punkte an rechnet, wo unten die Kapsel aufhört, in welcher die Wirbel stecken, an denen die Saiten befestigt werden. Hier, glaube ich, wird der schicklichste Ort sein, um die Art und Weise anzugeben, wie man den Hals anbringen soll, sowohl in Absicht seiner Richtung, als auch seiner Lage, so dass er sich weder nach vorwärts, noch nach rückwärts zu hinbeugt, und eine gehörige Höhe zur Tastatur bekommt. Man verfertige sich eine Richtwage aus Metall, von Grösse und Gestalt, wie sie in Taf. II Fig. 1 abgebildet, in Fig. 2 daselbst aber so vorgestellt ist, als wenn man sie von ihrer untern Fläche, und in Fig. 3, als wenn man sie von ihrer obern Fläche ansieht. In Fig. 4 erblickt man die Gestalt und Länge der Schraube ag; des Hakens, und zwar von der Seite F, und von vorne ⸝. Diese Figuren dienen zur Richtschnur, um genanntes Instrument danach zu verfertigen, und mehr darüber zu sagen bedarf es für geschickte Mechaniker nicht. Die Höhe dieser Richtwage in der Stellung, wie sie in Taf. II Fig. 1 und 2 unter OL und ol angezeigt ist, muss zum Gebrauch bei Violinen und Bratschen 5 Grad sein, zum Gebrauch bei Violoncells aber 9 Grad, und bei Contra-Bässen 11 Grad. Man muss sich daher für ein jedes dieser Instrumente eine verschiedene Richtwage, mit der für jegliches Instrument angegebenen Höhe der Platte OL, ol machen lassen. Diese Platte, welche auf dem Klotz festliegen muss, muss in der Mitte, sowohl oben als unten, einen Einschnitt haben, wie bei p in den Figuren Taf. II 1, 2, 3, und diese Mitte muss auf die Mitte des Klotzes treffen, so dass die eine genau auf der andern passt. Hierauf schraubt man sie mit der Schraube ag zusammen, damit sie fest steht. Der Hals wird mit einer geraden Linie bezeichnet, welche die Breite desselben in zwei Theile theilt, und diese Linie muss man, vermittelst eines Lineals, genau in den Einschnitt p der Richtwage zu bringen suchen. Bei diesem allen muss man die sorgfältigste Genauigkeit anwenden, weil auch nur die kleinste Nachlässigkeit einen merklichen Unterschied nach sich zieht.

Aber der wichtigste Theil des Instruments ist unstreitig der Ton, der von nichts anderm, als von den Schwingungen abhängt. Alle Versuche, die ich darüber angestellt habe, um auf das Holz verschiedene Figuren zu vertheilen und aufzudrücken, haben mich belehrt, dass keine von grösserem Nutzen ist, als die zirkelförmige, welche auch überdem noch die schnellste und leichteste in der Ausführung ist. Man nehme daher den Punkt 42 zum Mittelpunkt, und aus diesem beschreibe man drei Zirkel, den ersten mit einem Radius von 4, den andern von 8, den dritten von 12 Theilen. Hierauf ziehe man den Radius perpendicular auf den Diameter vom Mittelpunkte 42, bis er den äussersten Zirkel berührt, und von diesem Punkt trage man auf den Umkreis des äussersten Zirkels nach a $1/4$ Theil, so wie auch nach b; auf den Umkreis des innersten kleinsten Zirkels trage man ebenfalls aus dem Punkt, wo der Radius den Umkreis durchschneidet, nach c und d $1/2$ Theil; aus diesen Punkten ziehe man nun die Linien ac und bd, welche alsdann mit ihrem allmählichen Zusammenlaufen das Profil abgeben werden, nach welchem die Dicke desjenigen Theiles des Bodens ausgearbeitet werden muss, welcher zwischen dem grössten, durch die Punkte 30 und 54 gehenden Zirkel liegt. Das Uebrige des Bodens muss bis an die Zargen durchaus gleich sein, und zwar so stark als der zwischen a und b befindliche halbe Theil. Ist der Boden in der Nähe der Zargen auch allenfalls etwas dünner noch, als die Entfernung zwischen ab beträgt, oder wenigstens nur nicht ganz so dick, so wird die Wirkung davon besser sein, als wenn er in dieser Gegend eben so stark bleibt, oder gar dicker ist.

Auf diese Art hat man einen der menschlichen Stimme ähnlichen Ton; soll er silberartig werden, so verfahre man auf folgende Art: Hat man den Boden auf die vorgeschriebene Art verfertigt, so arbeite man nun die Decke nach folgenden Regeln aus. Man mache den Punkt 40, welcher gerade in die Mitte zwischen den Einschnitten der beiden $\mathfrak{k}$ fallen wird, zum Mittelpunkt, und beschreibe mit einem Zwischenraum von 3 Theilen einen Zirkel, dessen Diameter alsdann 6 Theile haben wird. Alles Holz zwischen diesem Zirkel nehme man bis auf $2/3$ eines Theiles weg, und von dem Umkreis dieses Zirkels bis zum Einschnitt der beiden $\mathfrak{k}$ verdünne man das Holz stufenweise, indem man hinaufsteigend so viel Zirkel zieht, dass die Dicke des Holzes, bis an die Stelle der beiden $\mathfrak{k}$, $1/2$ Theil austrage, und welche Dicke alsdann bis an die Zargen fort bleiben kann. Hierdurch wird der Ton silbern werden und sich auf allen vier Saiten gleich bleiben. Dieses Maass eines halben Theiles für die bestimmten Gegenden findet allein für Violinen und Bratschen statt, bei den anderen Instrumenten, als Violoncells und Contra-Bässen, muss zwar die Dicke in dem Zirkel dieselbe sein, aber von dem äussersten Zirkel bis zu den Zargen hin muss die Dicke unmerklich abnehmen, und zwar bis auf $1/4$ eines Theiles. Man sehe hierüber nach: Taf. II Fig. 6, welche einen nach dem grössten Diameter des Instruments gemachten Durchschnitt des Bodens vorstellt, zugleich mit der nach den angegebenen Regeln abnehmenden Dicke; Fig. 7, welche den Durchschnitt des Bodens nach der Breite des Instruments, nach der grössten Dicke, abbildet, mit der in den Regeln bestimmten Abnahme. Man sieht auf dieser Figur auch noch die Grösse der Klötze, sowohl in den vier Winkeln, als auch oben, wo der Hals angesetzt, und unten, wo der Knopf zu dem Saitenhalter befestigt wird.

Fig. 8 stellt endlich noch die Beugung der Decke und auch ihre Dicke vor.

Jetzt liegt mir noch ob, die andere Art des Umrisses zu geben, wie ich es oben versprach, und die ich durch die Erfahrung ebenso schätzbar in Absicht des Gebrauchs, als auch der Wirkung gefunden habe. Die Verfahrungsart ist, bis auf wenige Punkte, dieselbe. Man ziehe nämlich nur die erste Horizontallinie (Taf. I Fig. 2) durch den Punkt 15, die übrigen aber, wie oben, durch die angegebenen Punkte. Auf diese durch den Punkt 15 gehende Horizontallinie DD trage man aus dem Mittelpunkte die Punkte CC in der Entfernung eines Theiles, und ziehe aus diesen Punkten mit der Zirkelöffnung CA und CB die Bogen AD und BD. Die beiden Punkte AB werden nach den schon oben angegebenen Regeln bestimmt. Hierauf nimmt man den Punkt 13 zum Centrum, öffnet den Zirkel bis D und beschreibt die beiden Bogen DE. Auf die Horizontallinie, welche durch den Punkt 33 geht, bezeichne man ebenso, wie bei der ersten Angabe aus dem Punkt 33 gesagt worden ist, die beiden Punkte GG, in einer Entfernung von $10^{1}/_{2}$ Theil, und aus diesen die beiden Punkte HH, in einer Entfernung von 13 Theilen, und beschreibe mit dieser Zirkelöffnung die zwei Bogen FI. Alsdann mache man aus dem Punkt 72, mit einer Eröffnung des Zirkels von $16^{1}/_{2}$ Theil, die kleinen Bogen LK; setze den Zirkel in den Punkt 40, eröffne ihn bis 72 und ziehe den Bogen LXK. Endlich trage man auf die Horizontallinie, welche durch den Punkt 57 geht, aus diesem Mittelpunkte nach jeder Seite hin 6 Theile auf bis MM, und aus diesen beiden beschreibe man mit der Zirkelöffnung ML und MK die beiden Bogen LN und KN.

Hat man den Aufriss auf diese Art genau aufgezeichnet, so muss die erste Horizontallinie DD 33; die zweite EE 30; die dritte FF 27; die vierte GG 21; die fünfte II 30; die sechste NN 36; und die siebente

42 Theile haben. Der Mittelpunkt der grössten Dicke muss daher ebenso, wie bei der ersten Angabe, auf den Punkt 42 fallen.

Bemerkungen
über den Gebrauch vorstehender Regeln.

Vor allen Dingen bemerke der Künstler, dass er bei der Bestimmung und Ausarbeitung der Dicke selbst sehr behutsam zu Werke gehen und den Zirkel mit der äussersten Vorsicht anlegen muss, indem sogar die blosse Stellung der Hand, wenn er nicht sehr aufmerksam darauf ist, ihn ausserordentlich täuschen kann.

In der Gegend der tiefsten Saite muss, wie jedermann weiss, der sogenannte Balken angebracht werden. Er muss von dem obersten Loche des ƒ etwas über $1/4$ der angenommenen 72 Theile entfernt liegen, und sich in gerader Linie hin erstrecken, so dass er von dem obersten Ende des Instrumentes nicht weiter absteht als von dem untersten; die Mitte desselben muss gerade auf den Einschnitt der beiden ƒ fallen, wo der Steg steht. Er sei nicht zu stark, und seine Länge betrage 36 Theile. Man bringe ihn ferner so an, dass er nach oben zu hinauf treibe, damit er die Decke in die Höhe halte, und diese nicht dem Drucke der Saiten nachgebe.

Die Gegen-Zargen tragen zum Tone nichts bei und dienen zu nichts anderem, als um die Decke und den Boden festzuhalten; sie müssen daher an die Zargen sehr genau und fest angeleimt werden. Die Decke muss man nur mit leichtem Leim anleimen, damit man sie, ohne befürchten zu müssen, dass man sie zerbreche, oder dass Stücke an den Zargen sitzen bleiben, bequem abnehmen kann.

Hat man nunmehr das Instrument zugemacht, so ist alsdann noch übrig, die sogenannte Stimme durch das auf der rechten Seite befindliche ƒ Loch einzusetzen. Ihr Standpunkt muss innerhalb des ersten Zirkels auf den Boden und nicht über den rechten Fuss des Steges hinaus stehen. Auf die Stellung derselben kommt ausserordentlich viel an und es gehört schon eine sehr grosse Uebung dazu, um den rechten Fleck dafür zu treffen. Ebenso ist es auch mit dem Stege, sowohl was seinen Bau, als auch was seine Stellung betrifft; denn ein wenig mehr vor oder zurück gestellt, verändert den Ton des Instrumentes so, dass ein sonst gutes Instrument beinahe ein schlechtes zu sein scheinen kann. Die Stimme muss besonders völlig senkrecht und nicht zu strenge stehen.

Auch bei der Wahl des Holzes muss man viel Vorsicht anwenden. Das älteste ist freilich immer das beste, indessen ist es allenfalls schon genug, wenn es auch nur drei Jahre vorher geschnitten, und an einem trockenen Orte aufbewahrt gelegen hat, wo es keine Feuchtigkeiten anziehen konnte. Das Holz zum Boden muss nicht allzuhart, und besonders ohne Aeste und Knoten sein. Der Theil des Holzes nach der Rinde zu, und was der Gewalt der Sonne ausgesetzt war, ist das beste, wenn es nur nicht allzuhart ist. Es muss aber im Gegentheil auch wieder nicht zu weich sein, weil sonst das Instrument davon einen dumpfen oder dünnen Ton bekommt. Auch hüte man sich vor verlegenem und wurmstichigem Holze.

Man sehe auch ferner darauf, dass das Holz sowohl zum Boden als auch zur Decke von Einem Baume sei; denn der Verf. will die Bemerkung gemacht haben, dass, wenn besonders der Boden aus zwei verschiedenen Stücken, wenn auch von derselben Holzart, war, die Instrumente eben nicht vorzüglich ausgefallen seien. Ueberhaupt muss man besonders vorsichtig bei dem Holze zum Boden sein, weil von dem Boden grösstentheils die Güte des Instrumentes abhängt. Die besten Meister haben sich zum Boden, zu den Zargen und zum Halse des Azarolen-Baumes und zu der Decke des Tannenbaumes bedient. Bei diesem letzteren aber sehe man darauf, dass es nicht von der Rinde, sondern aus dem Kerne sei, und vorzüglich, dass es nicht zu weich sei, denn dieses taugt nichts. Auch hüte man sich vor solchem, welches zwar sehr fein ist, aber doch zwischen den Fibern zu weiches

Holz hat, denn auch dieses taugt gar nichts. Endlich sehe man auch darauf, dass es von allenthalben gleichem Widerstande und von hellem Tone sei, und, jenachdem es von dieser oder jener Art ist, mittelmässig consistent.

Dies sind also die Regeln, welche der Verfasser in seinem Buche angiebt und von welchen er sagt, dass er zwar keine überzeugende Theorie davon zu geben im Stande sei, dennoch aber eine unausbleiblich gute Folge versprechen könne.